中国新股民炒股实战丛书

股市有风险　入市需谨慎

# 短线操盘
## 实战兵法

（第二版）

黄俊杰 编著

经济管理出版社
ECONOMY & MANAGEMENT PUBLISHING HOUSE

**图书在版编目（CIP）数据**

短线操盘实战兵法/黄俊杰编著. —2版. —北京：经济管理出版社，2016.2
ISBN 978-7-5096-4215-3

Ⅰ.①短… Ⅱ.①黄… Ⅲ.①股票交易—基本知识 Ⅳ.①F830.91

中国版本图书馆 CIP 数据核字（2016）第 007178 号

组稿编辑：勇　生
责任编辑：勇　生　王格格
责任印制：杨国强
责任校对：超　凡

出版发行：经济管理出版社
　　　　　（北京市海淀区北蜂窝 8 号中雅大厦 A 座 11 层　100038）
网　　址：www.E-mp.com.cn
电　　话：(010) 51915602
印　　刷：北京玺诚印务有限公司
经　　销：新华书店
开　　本：720mm×1000mm/16
印　　张：15
字　　数：217 千字
版　　次：2016 年 3 月第 2 版　　2016 年 9 月第 2 次印刷
书　　号：ISBN 978-7-5096-4215-3
定　　价：38.00 元

# 前　言

长线投资被许多散户和机构投资者奉为圭臬，认为股市要想赚钱必须进行长线投资。而事实上真正能够在长线投资中盈利的投资者少之又少，很多投资者都是拿钱入市，赔钱出局。之所以出现这样的情况，同上市公司的质量不无关系。例如，投资者购买了一只现状较好的股票，几年之后公司由于连续亏损而被戴上 ST 的帽子，甚至摘牌，那么投资者想要在这样的股票上盈利势必比登天还难。从市场的角度来看，股市有牛、熊市之分，牛市中投资者都可以赚一些小钱，但是如果遇上了长达几年的熊市，长线投资还能赚钱就是痴人说梦了。熊市中不赚钱不是公司不行，也不是股票不够便宜，而是没人看好后市，股价没有上涨的动力，投资者在熊市中当然赚不到钱。

短线与长线的不同之处在于，短线投资者在熊市中休息、牛市中赚钱，不断寻找被市场低估的股票，抛弃那些估值过高的滞涨股票，不断在强势股票中赚钱，远离那些弱势股票。投资者可以使资金始终停留在盈利能力最强的股票中，而远离那些风险较大的股票，使资金发挥最大的效益。

本书就是通过理论的详细阐述和实例的细致分析，使投资者对短线投资有一个更加深刻的认识，并且在实战短线投资中取得丰厚的利润。首先，投资者从前两章中可以懂得短线投资的原因，并学习到一些基本的理论和看盘技巧，这是短线投资者必须掌握的。从第三章中投资者可以接触到一些在短线中经常用到的经典技术指标，包括 MACD、KDJ、RSI 等，相信投资者在掌握这些指标之后，对于短线投资会有更深刻的认识。第四章的内容不多，但是对投资者而言却是必不可少的。因为庄家从建仓、洗盘到最后的拉升、出货的动作尽在其中，投资者可以了解庄家的各种操盘手法，与庄家一起建仓并且在庄家出货之前抛售股票，获得投资收益。接下来的三个章节中，投资者可以学到两种很重要的短线操作技巧：止盈和止损。投资者不仅能够学到止盈和止损的方法，而且可以学到更加理性的止盈和止损策略，从而取得短线投资的成功。通过阅读最后一章，投资者可以学到更加切合实际的操作实例，为投资者真正获取投资收益提供有益的帮助。

　　本书在编写过程中得到了蒋峰、伍友生、李顺安、姜微、韩华、张翠云、黄皇华、武振、梁小明、石娟、王媛媛、王天宝、俞慧霞、伍四徕、薛莎莎、伍建新、何凤娣、张小花、伍顺发、伍国华等人的大力支持，在此一并致谢！

# 目　录

# 第一章　战略部署

## 第一节　股市不相信眼泪

### 一、经典理论

#### 1. 道氏理论

（1）道氏理论简介。道氏理论最初来源于华尔街日报的创始者查尔斯·亨利·道，他同时也是道琼斯公司的创立者。在道氏去世之后，他的相关理论由威廉·P.汉密尔顿、查尔斯·丽尔和 E.乔治·希弗进行总结并且以道氏理论命名，就是现在所说的"道氏理论"。

（2）道氏理论三个基本假设。道氏理论包括三个基本概论，具体内容如下：

假设一：市场价格不存在人为的操纵行为。股票价格或者指数每一天的波动方向可能会受到资金大的投资者的操纵，短期的价格变化也许如此，但是长期的股价变化趋势是不会受到人为操纵的。因为上市公司的盈利状况不是人为就能够操纵得了的。不同的投资者（不管是散户还是资金庞大的机构投资者）只能够选择他们认为业绩不错的公司的股票来操纵，而他们却改变不了公司的发展趋势。这也正是市场价格在长期内不易被操纵的原因之一。

假设二：股票价格变化总会反映相关的所有信息。每一位参与股票交易的投资者的想法（不管是沮丧、失望还是兴奋、喜悦再或者是理性的认识）都会在指数变化上有所反映，指数当日的走势本身就包含了对以后的预期状况。即使发生了意外的突发事件，如金融危机、火灾、战争等，股价指数也会根据事态的严重程度做出相应的反映。正因为股价指数综合反映了投资者对市场的不同看法，股价涨跌才会在很多时候不被投资者所理解。

假设三：道氏理论是客观化的理论。只有深入地研究道氏理论，并且客观地应用到投资当中去才可以得到理想的结果。投资者仅凭主观臆测是很难达到预期的投资效果的。可以说，市场中很多的投资者是采取主观的方式来买卖股票的，这样买卖股票得不到预期的投资收益也就是正常的。

（3）道氏理论五个要点。具体内容如下：

要点一：三种价格走势。包括短期走势、中期走势和长期走势。股票市场中短期走势一般持续几天或者几个星期，中期走势可以持续几个星期或者几个月的时间，而长期走势可以持续几个月至几年的时间。三种走势是共存的关系，但是方向可以相同也可以不同。

短期走势是最难于理解和把握的一种走势。在股票投资中，短期走势经常是投资者买卖股票时用于选择进场和出场机会的手段。投资者可以借短期走势来尽量规避风险，取得较多的投资收益。

中期走势是投机者必须考虑的问题。中期走势与长期走势的方向可以相同，也可以不同。不同的时期，将中期走势视为次级趋势的修正。次级走势必须谨慎对待，不应视为长期走势来对待。

长期走势是最重要的走势，也是容易理解和辨别的走势。对于短期的投资者来说不是很重要，它是长期投资者主要考虑的问题。但是短期投资者必须明白的是短期走势和中期走势也是在长期走势当中的，准确认识前者在长期趋势中的位置也是有利于投资的。

要点二：主要趋势。主要趋势是股价走势的基本趋势，分为多头或者空头市场。从持续的时间上看，它通常持续一年或者几年的时间。投资者要想在市场中持续盈利，那么学会判断股市的主要趋势是必不可少的选择。在长期趋势看好的情况下，投资者要做的就是等待好的入场时机出现后，买入股票即可以获得比较不错的投资收益了。投资者参考历史股价走势，利用统计的方法来判断股价所处的大体位置。

要点三：主要空头市场。主要的空头市场是长期处于下跌趋势中的市场。在长期的下跌趋势中，股价的上涨都是小幅的反弹，不会得到长时间的延续。因此，投资者可以不考虑反弹中的上涨行情。主要的空头市场在充分反映了各种下跌因素之后，才会有像样的上涨行情出现。

空头市场会经历三个时期：首先，投资者预期股价不会维持在非常高的泡沫状态。其次，市场中的卖压开始不断地显现出来，卖出股票的投资者反映了经济和上市公司不好的一面。最后，好的股票也遭到投资者无情的抛售，市场几乎到了跌无可跌的地步了。当市场中投资者对利空的消息反应迟钝的时候，说明离市场触底反弹的行情不远了。

要点四：主要多头市场。主要的多头市场是股价处于长期的上涨趋势当中，持续时间一般在两年以上。当然其中也有一些小的下跌行情，但是都持续时间不长，不影响大的上涨趋势。

这样的多头市场也可以大致分为三个时期：首先，市场人气逐渐恢复的时期，股票价格渐长。其次，股票价格与上市公司处于同步上涨的趋势，股价开始反映企业的盈利状况。最后，投机氛围充斥着整个市场，股票价格出现严重的泡沫化。

要点五：次级折返趋势。次级折返趋势是发生在多头市场中的、比较大的下跌走势，或者说是空头市场中的、比较大的上涨走势。从持续的时间上看通常会持续几个星期或者几个月，幅度上可以是主要趋势的1/3甚至2/3。大幅度的次级折返走势通常会被误认为是主要趋势，而事实上只是多头市场或者空头市场的重要回调中的一环而已。判断好次级折返发生的时间和大小关系到投资者的盈利状况甚至资金安全，这也是道氏理论中最难预见的了。

投资者应该将次级折返与短暂的折返区别开来看。短暂的折返常见于次要的股价走势中，持续时间大约为几日或者十几日。

（4）道氏理论不足之处。道氏理论本身就是为了探讨股市的基本运行规律而出现的，重点关注股价的中长期走势。对于短期内股价的变动情况，它不能够作为股票买卖的依据，并且道氏理论对于投资者选股起不到什么作用。

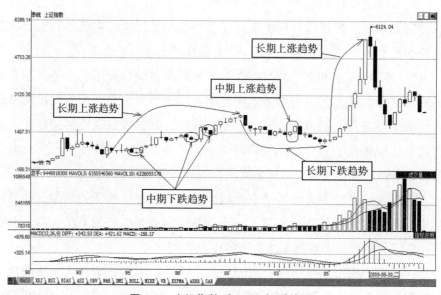

图 1-1　上证指数（000001）季线图

（5）道氏理论实例分析。具体内容见下述分析：

从图 1-1 上证指数（000001）的季线图中可以看出，指数长期趋势还是向上的。自从上证指数出现以后，从 1991 年的 100 点上涨到了 2010 年 6 月的 2500 点左右，20 年的涨幅高达 25 倍。在此期间也穿插了长期的上涨趋势和下跌趋势，并且在长期上涨趋势当中也存在中期的下跌趋势。这就正如道氏理论所说的那样，指数的运动趋势可以分为长期、中期和短期趋势。中短期趋势不管是上涨还是下跌，都不会改变长期趋势的方向，而是只能够作为长期趋势的调整出现。

在图 1-2 上证指数的周线图中，主要空头市场出现在 2007 年底到 2008 年底的近一年的时间中。上证指数从最高点位 6124 点下跌到 1664 点，狂跌 73%。下跌趋势中曾经出现过多次的次级折返走势，但是都不是指数真正反弹的位置。投资者可以根据 K 线图短暂的放量辨别出指数真折返、假反弹的走势，直到指数在 1664 点处放量 7 周后才开始转向真正的多头市场。

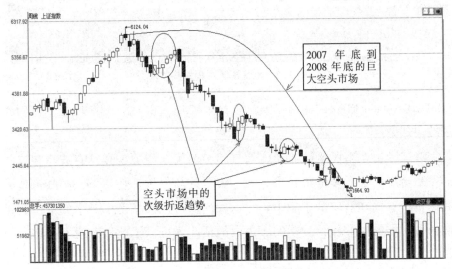

图 1-2　上证指数主要空头市场

在图 1-3 上证指数的周线图中，主要多头市场出现在 2005 年末到 2007 年底两年多时间里。指数由 1000 点的水平上涨到 6124 点，上涨幅度高达 6 倍。期间也穿插了短暂的次级折返下跌走势，但是时间都不是很长，而且折返的幅度也不大。最后指数无量上涨到 6124 点的时候，才开始走出见顶的行情来。

## 2. 艾略特波浪理论

（1）波浪理论简介。艾略特波浪理论出自于身为专业会计师的艾略特

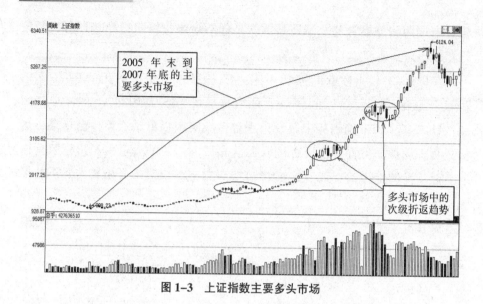

**图1-3 上证指数主要多头市场**

（RaLPH Nelaon Elliot，1871—1948），在中年身患重病的康复阶段，他创作了波浪理论。

波浪理论认为股价的波动就像自然中的潮汐现象一样具有波峰和波谷的不断转变。在看多的市场中，每一波段的高价位都将是下一次高价位的底部价格；而在看空的市场中，每一次的低价位又将是下一个低价位的顶部价位。能够看穿股价波动的大方向的话，就可以据此做空或者做多，以赚取更多的利润。而不必暴露在风险较大的小趋势当中，进行大量盈利极少的操作。

（2）波浪理论八浪特点。具体内容如下：

一浪：股票在上涨的初期，认识到市场进入到多头市场的投资者还是少数，还有好多的投资者没有认识到多头市场的形成，而是继续做空。由此股价在第一浪中的上涨都是为以后的上涨做铺垫。这样股价刚刚见到小高位就遭受了很大的抛售压力而开始下跌，初次上涨后的跌势也意味着第二浪紧跟着出现了。

二浪：第二浪是下跌幅度比较大的一浪，因为第一浪的上涨趋势中，很多投资者还没有转变过来，继续着做空的操作。但是随着时间的推移，看多后市的投资者越来越多，股市下跌过程中成交量也开始萎缩。当第二浪底部出现大阳线等反转形态的时候，股价开始再次反弹上涨。

三浪：第三浪是股价上涨趋势中主升段的一个大浪，股价在第三浪的涨幅也是最大的。第三浪中有较大的成交量来配合，就可以有连续的上涨。第三浪也是由许多上涨中的小浪形成的，小浪组成了第三浪这个主升段的大浪。

四浪：第四浪是对第三浪的调整浪，调整的幅度不应该低于第一浪的浪顶部。当第四浪即将结束的时候一般都可以看到放量上涨突破三角形等整理形态。投资者可以在股价放量突破整理形态之后马上做多建仓。

五浪：波浪理论中的第三大上升浪就是第五浪，虽然第三浪是最大的上涨浪，但是有时候第五浪的上涨也是可以与其相媲美的。股价不断被推升到一个又一个的顶部，随着价格不断被抬高，市场中下跌的风险也不断被积聚，这样股价也就临近下跌的边缘了。

A浪：投资者还沉浸在股价上涨的喜悦之中，并没有意识到即将到来的下跌行情，但是下跌已经近在咫尺了。A浪的下跌幅度并不是很大，就像是短暂的调整一样。

B浪：在股价上涨过程中，B浪处的股价随时都可以下跌反转。B浪只是反弹似的上涨，虽然还有投资者看多，但是成交量已经严重萎缩，根本不能够支持股价继续上涨。这样股价也就接近了下跌的边缘。

C浪：B浪反弹受阻之后，众多的投资者都已经意识到了下跌的趋势，做多的投资者反手做空，市场逐渐陷入了漫长的熊市当中。C段是股价破位下跌的开始，跌幅之大、下跌时间之长都是前所未有的。

（3）波浪理论实例分析。具体内容见下述分析。

如图1-5所示，龙溪股份（600592）在进入牛市后的反弹中，呈现出明确的八浪循环上涨模式。上涨时有一浪、三浪、五浪以及中途的调整浪二浪和四浪。股价进入到下跌趋势当中时，有下跌的A浪、C浪和反弹调整的B浪。投资者可以在股价开始反弹的初期就介入该股，具体的位置可以选择在股价调整时候的B浪附近建仓，在股价经过主升浪三浪上涨后，

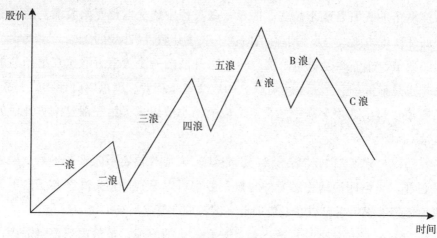

图1-4  波浪理论八浪循环

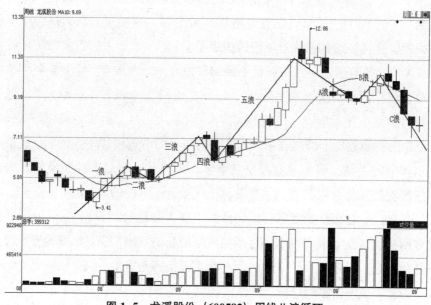

图1-5  龙溪股份（600592）周线八浪循环

可以在四浪前适当地减仓，四浪完成了调整之后可以选择将原来的仓位恢复到以前的水平，继续持仓等待股价在新一轮上涨中创新高。新一轮的上涨就是所说的五浪，在这一浪中股价涨幅已经过大了，投资者在股价见顶之前应该适当地减少仓位，在股价真正发生反转的时候开始止盈，把股票全部卖出去。如果投资者没有在反转浪 A 浪来临之前就卖出股票，可以持仓到反弹浪 B 浪卖出。B 浪的上涨高度可能达不到五浪的高位，这时候卖出股票可能会面临一定的损失，但是 B 浪是必须卖出去的位置，在 C 浪来临时就没有机会出售手中的股票了。

### 3. 黄金分割理论

（1）黄金分割理论简介。黄金分割理论最初出现在数学家布法兰斯的一本书中。这些奇异的数字组合是 1、1、2、3、5、8、13、21、34、55、89……其中任意一个数字是前边相邻两个数字之和。例如，2=1+1、3=2+1、5=3+2、8=5+3……，依次类推就得到了一组数字的组合。其中这组数字中的任意两个相邻的数字之比为 0.618。例如 34/55=0.618，55/89=0.618，而 0.618 的倒数正好等于 1.618。0.618 和 1.618 就叫做黄金分割率。

黄金分割的基本公式为 1=0.382+0.618。利用黄金分割率分析股价的变化时，可以分为两种分析方法。第一种方法：选择股价近期比较重要的顶部和底部价位，作为计算的基础价格。若股价上涨，则以底部的股价为基数，涨幅达到某一黄金比率之后就会受到相应的阻力作用；若股价下跌，则以顶部的股价作为基数，当跌幅达到某一个黄金比率之后就会受到相应的支撑作用。第二种方法：股价发生反转走势的时候，不管股价是见顶回落还是止跌回升，都可以将近一阶段重要的底部和顶部的涨跌幅度作为计量的基础，分别乘以数字 0.191、0.382、0.5、0.618、0.809 得到不同的五个黄金点价位。股价在反转过程中将会或多或少地受到某一个黄金分割价位的影响，而暂时停止下跌或者是上涨。

（2）黄金分割实例分析。具体内容见下述分析：

如图 1-6 所示，生意宝（002095）的月线图中，股价经历了 2008 年大熊市之后，经过长达一年的跌势开始反弹。反弹的位置应该如何去确定呢？可以用黄金分割比率事先计算出反弹所能到达的位置，以及将要面临的阻力，这样就可以对即将出现的阻力做出有效的反应。

图中可以看出股价从最低价格 8.31 元/股开始反弹，进入了上升趋势当

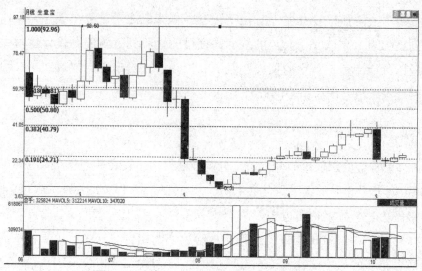

图1-6　生意宝（002095）黄金分割反弹位置

中。在投资者实现判断股价进入到上升趋势当中的时候，投资者可以由股价的最低点位 8.31 元/股到前期的最高价格 92.50 元/股附近为基准做黄金分割线。做出黄金分割线之后，投资者可以在股价上升过程中仔细观察股价受到的阻力情况。在黄金分割线的第一条阻力附近，也就是黄金分割 0.191 附近股价受到了明显的阻力开始调整，经过长达四个月调整，黄金分割线才变成了股价上涨的支撑线。既然阻力已经变成了支撑线，那么投资者可以继续持有或者加仓买入股票。

从黄金分割率 0.191 到下一个分割率 0.5 附近，投资者可以在股价上涨到 50% 的高度就减仓操作，如果股价明显在一半处的涨幅附近受到阻力，那么可以选择空仓，等待形成支撑以后再进入。图中所示的 50% 处，股价就受到了严重的阻力作用，开始下跌。

如图 1-7 所示，包钢股份（600010）在股价见顶下跌后也是在重要的黄金分割位置受到了支撑，并且在小反弹中受到了强有力的阻力作用而开始下跌。同样在股价开始下跌后，投资者可以以前期的最高价格到最低价格的价格范围为基数，事先标注出黄金分割的位置。这次标注出的黄金分割位置同股价上涨时候的黄金分割线方向正好相反，是由最高价向下标注的。0.191 线在上方，0.618 线在下方。

图 1-7　包钢股份（600010）黄金分割下跌位置

　　言归正传，股价在下跌过程中，在 0.382 和 0.5 附近的分割点处受到的支撑并不明显，股价只是有一点反弹而已。但是当股价下跌到 0.618 附近的时候，就开始了止跌回升的动作。这说明黄金分割点 0.618 还是对股价有很强的支撑作用的，不然股价不会有如此大的反弹上涨动作发生。

　　既然股价已经进入到了下跌的趋势当中，那么无论多大的反弹都只是昙花一现，只是要看股价能够在哪个价位开始下跌而已。股价下跌过程中在 0.191 和 0.382 附近既然没有受到强有力的支撑作用，反过来股价跌穿其之后就变成了下跌当中反弹的阻力。从图中可以很明显地看出股价在 0.191 和 0.382 附近受到阻力而继续下跌的趋势。

# 二、炒股策略

## 1. 交易方法尽量简单

简单的东西不一定不好用，股市投资也是一样的。尽量用简单的方式追求利益的最大化，才是投资者要做的事情。复杂的数学公式、财务分析以及冗长的交易策略不适合中小投资者在实战中使用。投资者只要对经常使用的指标认识清楚即可，只要对股市的基本技术分析方法熟练掌握即可，懂得基本面的大体变化即可。太复杂深奥的东西既不实用，也不一定能够达到预期的投资效果。简单的投资方法中涉及的内容有均线（5 日、30 日、60 日均线）、成交量、换手率、支撑阻力线等。简单的投资策略更加实用，便于投资者交易。简单地说，如果某种操作方法可以仅仅利用一种交易软件、能够在 3 分钟之内表达出来，并且可以让一个初学者利用 5 分钟的时间学会，那么这种操作方法绝对算是简单易行的。

## 2. 炒股要学会等待

股市风云变幻，涨跌互现。如何在市场中长期生存下来呢？只学会止损还很不够，还要学会等待。止损可以减小每次操作错误后的损失，而等待可以避免陷入超级大熊市的调整当中不能自拔。很多小投资者之所以没能够做到长期盈利，其原因之一是止损做得不好，止盈没有到位。当然除了这两点以外，重要的一点就是太过于相信自己的操作手法了。认为任何时候只要操作得当都可以赚钱或者不赔不赚。在 2007~2008 年的大熊市中，指数由 6124 点下跌到 1664 点，跌幅竟然高达 73%。指数尚且跌幅这么大，那么个股当中即使出现下跌达到 90% 的情况也不足为奇了。下跌当中的股票何种反弹都是乏力的，根本就不能够持久。精于短线操作的投资者可能有机会获得一点利润，操作手法稍微粗糙一点的就不可避免地要损失真金白银了。

　　大家都知道股市的长期趋势肯定是向上的，其中的任何下跌都可以成为上升中的小插曲。但是这些小插曲短则几天或者几个星期，而长则两三年或者是四五年的时间。这么长的时间里投资者很难进行长期投资。做短线稍有不慎也会亏损。投资者学会等待是避开熊市，而主动参与牛市中的买卖。这种避重就轻的操作是成熟投资者应该具有的品质，也只有这样做才能够充分地放大盈利，减小潜在损失的可能性。

　　那么如何才知道自己何时应该适时休息、等待更好的交易机会呢？投资者可以从以下的几个方面来考虑：

　　市场持续二周呈现出下跌的状态时，投资者应该开始等待了。正常上涨的牛市当中，市场是不会持续三周以上呈现出下跌的行情的。市场持续的下跌只能说明还没有进入到牛市当中或者说是牛市行情即将结束。

　　沪深 300 期货合约出现了大幅度的跳水。股指期货对股市运行方向具有一定的指向作用，期货大幅度的下跌并不是好现象，证明市场可能因此进入熊市当中。在股市的价格偏离真实价值的时候，股指期货也可以相应地指引市场回归价值，偏离股价实际价值过多时将会有下跌的风险。投资者应该在期货方向转变的时候学会等待，待真正的调整过后再入市也不迟。

　　投资者感到不安、辨别不清市场方向、不知道将如何操作的时候，这可能不仅仅是炒股心态上的反应，而很可能是市场已经发生了根本的变化，只不过投资者并没有从理性的角度认识到这个变化，而是从直觉上感觉到了即将到来的调整。即使这样，投资者也应该马上收手，因为往往直觉的东西都是可以说明一定问题的。感到不安的时候还是先停下来等待，这样可以得到意想不到的效果。

　　市场明显处于熊市当中的时候，是投资者停下来休息的好时机。不分熊市牛市，天天做交易的投资者到头来只是在重复无用的动作，是不会有好的投资收益的。

## 3. 操作一定要果断

　　任何事情要做决定的时候都不能优柔寡断，犹豫不决的人是不会成功的。要想成为短线炒股高手尤其如此。股市中行情轮换特别快，不经意间就会出现跌停或涨停。不仅如此，股市中还会经常出现以涨停价格或者跌停价格开盘的股票。

如此之快的涨跌速度，反应慢或者是操作不够熟练的投资者，根本就没有办法按照合适的限价指令卖出股票或者买入股票。慢性子的投资者想要追涨买入正要涨停的股票，手法稍微一慢，可能股价就已经涨停了，再想买到该只股票就比登天还难。持股的投资者也是如此。遇上一只开盘后不久就跌停的股票，不果断卖出去哪有机会逃离跌停的命运呢！在股票出现买入信号之后，即使涨幅缓慢的股票经过长时间的上涨之后，上涨的百分比也是相当大的。不能下决心买入股票的投资者只能眼睁睁看着股票上涨，而错失良机。

不仅仅是在追涨逃顶的时候果断可以起到关键性的作用，在股价长时间缓慢下跌的时候，每一分钟都在消磨着投资者的意志。看清楚后市下跌的大趋势之后，投资者果断出手止损或者止盈才能够避免损失。能够看清楚趋势方向是一回事，在看清楚股价运行方向之后，是否可以果断做出相应的反应就是另外一回事了。其实果断的操作手法正是一个成熟投资者的表现。

概括说来，成功的短线投资者只是重复两件事情：辨别股价涨跌方向，然后果断做出相应的动作。换句话说，投资者想要成为一个成功的短线投资者必须正确辨别股价运行趋势，然后采取合适的投资者策略（建仓、止盈、止损等）。两件事情做好了，投资者盈利就是理所当然的了。

# 第二节　长线永远只是说说

长线持有和长线投资是市场中很多投资者追求的目标。那么实际中，长线持有真的能够产生很大的投资收益吗？从多方面进行分析，就会发现长线投资有很多不可逾越的障碍。这些障碍就要求投资者不得不采取更加灵活的投资方式来获取利润，因此投资者选择短线投资就是一个不错的选择。

长线投资本身就存在着很多的不确定因素，总的来说体现在以下几个方面：

### 1. 股市有牛市和熊市之分，始终维持上涨的股票是不存在的

投资者进入股市的时候，也许是牛市也许是熊市，这都是不可以预料的。如果遇上了熊市，那么投资者损失的不仅仅是本金，资金的时间价值将是最大的损失。特别是投资者在牛市中后期买入的股票，股价本身就估值过高，即使熊市过后下一个牛市来临也不一定能够再上涨到当初持有的价位。这样说来，长线持有几乎是不可能的。

如图 1-8 所示，上证指数的月 K 线图中显示，上证指数自 2000 年开始到 2010 年初，大的熊市总共出现过 A 到 F 六次，每一次持续的时间至少都在半年以上，下跌幅度最大的一次要属 2007 年底到 2008 年底，上证指数总计下跌高达 72%。牛市共有四次左右。虽然从长期来讲，上证指数的运行

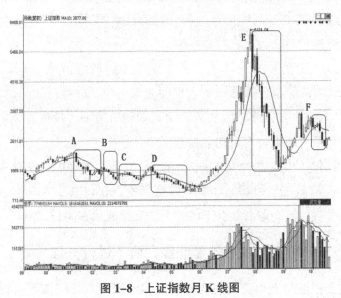

图 1-8　上证指数月 K 线图

趋势一定是上涨的，但是期间穿插的熊市行情不论哪一个投资者都是不愿面对的。尤其是 2001 年 7 月到 2005 年 6 月的熊市中，期间鲜有指数大涨的时候。投资者想要在这样长达四年的时间里取得投资收益，简直是比登天还难。仅从牛市和熊市持续的时间上来看，两者相差不多，但是时间的分布很不规则。因此，抓住短线中牛市行情的投资机会，比长时间将资金投入到熊市中节省很多金钱！

### 2. 投资者的选股能力问题

如何在市场中抓到一只能够长期上涨的股票是一件非常困难的事情。万一选中了连年亏损的公司，变成了 ST 或者是强行退市，投资者的损失是惨重的。选股对于多数投资者还是眉毛胡子一把抓，抓到什么就是什么。只重视题材、抢反弹、追涨，而没有系统的选股策略，长线投资几乎是纸上谈兵。

### 3. 市场中真正具有成长性的上市公司少之又少

以前的绩优股、超涨股经常变成亏损股票，ST、*ST 的股票层出不穷。如果哪个投资者敢于长线持有这种公司的股票的话，可不仅仅是赔钱的问题了，有可能把自己的家底都要搭进去。

据统计，截至 2010 年 8 月，在主板上市的股票当中，有不下 50 只的 ST、*ST 之类的股票。深证市场上市的股票当中，有接近 40 只股票在亏损后贴上 ST 标志。如此多的亏损股票出现在两市当中，投资者如果选择了这种公司的股票并长期持有恐怕会血本无归。

如果仅仅从市盈率的角度来讲，按照 30 倍市盈率的标准选择有投资价值的股票，那么主板市场 800 多只股票当中，仅仅有 238 只符合要求。其余的要么亏损，要么盈利状况不佳，无法支撑股价在高位运行。

### 4. 很多公司上市以后忙着圈钱，而不进行分红

增发、配股是上市公司想要筹集更多的资金，分红却是给投资者真金

白银。公司配股多了，手里的钱也多了起来，但是业绩不增反降，这就造成了投资者手中的股票数量增加，而股价却没有跟着上涨，公司的资产总额不增反降。这样的上市公司，即使长期持有也不能给投资者带来收益的。

### 5. 上市公司管理层腰包鼓鼓

就拿平安保险之类的公司来说，董事长兼 CEO 就可以拿到底薪加奖金四五千万元之多，管理层的高薪并没有给上市公司带来良好的业绩，亏损丑闻倒是接连不断，这样的上市公司如何才能够长线持有呢？

# 第三节　短线的优势

### 1. 把握最佳买点，不错过任何的机会

短线交易最大的特点就是灵活多变，投资者可以充分利用"船小好调头"的特点，抓住任何存在的买卖机会，博取最大的利润。尤其是在日内短线交易的时候，更是可以利用这个特点，为投资者赚取更多的利润。日内交易中，投资者可以充分借助涨势良好的股价，在尾盘的时候追涨买入，第二天利用高开的机会迅速卖出股票盈利。这样做就相当于做了 T+0 交易，第二天卖出股票后还可以再买入其他只股票，大大提高了资金使用的效率，节约了时间成本。长此以往，小资金也可以带来很大的投资收益。

如图 1-9 所示，延长化建（600248）的日 K 线图显示，该股在 2010 年放量涨停，成交量相比前一日有效地放大了将近 5 倍。如此放量上涨，投资者大可以在股价涨停前买入该股，第二天冲高的时候再行卖出，这样可以获得不错的短线收益。图中也显示该股在涨停之后，第二天仍然冲高上涨，这样就相当于 T+0 操作，做得多了同样可以获得不错的投资收益。

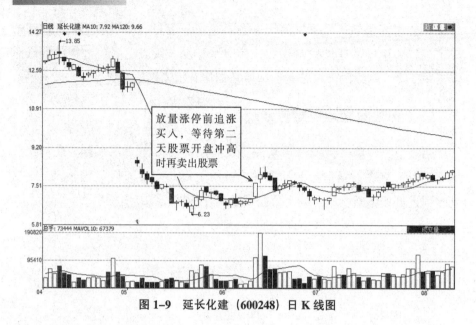

图 1-9　延长化建（600248）日 K 线图

## 2. 短线投资，资金的利用效果高

股价的上涨和下跌不是一帆风顺的，涨涨跌跌是经常有的事情。投资者用短线的投资手法操作股票，就不用参与庄家漫长的洗盘过程和股价长时间的横盘了。只要市场的方向是向上的，投资者完全可以自由选择股票，在热点板块和冷门板块的股票之间不断地切换。不断地抓住上涨中的潜力股票，而舍弃那些弱势股票，使资金总是处于上升趋势当中。

特别是在熊市当中，换股票是很重要的。多数的股票在熊市中一蹶不振，只有少量股票会出现强势的反弹或者反转的行情，发现并且持有这样的股票，即便是熊市也可以盈利。

如图 1-10 所示，从包钢稀土（600111）的日 K 线图中可以看出来，图中方框内的股价走势出现在 2009 年 10 月到 2010 年 2 月间。当时的上证指数处于弱势反弹的格局当中，多数的股票都先后见顶回落。包钢稀土也不例外，在此期间该股从最高时候的 32 元/股附近一直下跌到了 22 元/股附近，下跌幅度高达 30%多。这个时候指数只是处于弱势当中，并未出现持续性的破位下跌行情，但是多数股票的走势已经比较差了。

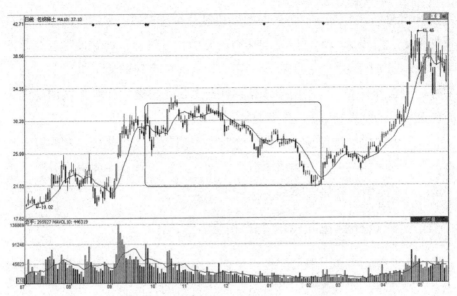

图 1-10　包钢稀土（600111）日 K 线图

众多股票下跌过程中，前期滞涨的股票却在这个时候开始反弹上涨了。如图 1-11 所示，海南高速（000886）就是一只从 2009 年 10 月开始启动，

图 1-11　海南高速（000886）日 K 线图

到 2010 年 2 月中旬见顶回落的股票。通过分析包钢稀土和海南高速这两只股票的日 K 线走势，就可以发现其中隐藏的投资机会。如果投资者在此期间抛售前期涨幅过大的包钢稀土，转而持有海南高速的话，投资获利的程度将是相当可观的。而海南高速见顶回落之后，再继续持有下跌调整充分的包钢稀土，会获得更好的投资收益。

这其中的换股操作是长线投资绝对做不到的，短线使投资者的资金在每一分钟都可能为自己获得投资收益，而长线投资就有牛熊市之分了，不到最后是看不到投资的效果的。

### 3. 可以选择自己熟悉的交易机会

短线投资者买卖股票的时候，可以自由选择熟悉的交易机会进行股票买卖，从而增加了收益的可能性。从技术分析的基本前提可以知道，很多股票在上涨前的表现一定是会重演的。如果某一只股票的上涨趋势没有表现出来，这样的机会也会出现在其他股票当中的。既然趋势可以重演，那么只要投资者有一套自己的分析手法和操作策略，那么迟早会盈利。

在短线交易中，投资者可以根据自己的需要和市场的反应指定自己的投资策略。通常运用简单的投资方法是很有效果的，可以在长期的交易中为投资者不断带来利润。只要投资者坚持自己的投资方法，并且根据需要不断地修改以适应市场的不断变化，那么是可以持续盈利的。

例如，投资者如果喜欢做一些出现放量大阳线后缩量调整的股票，就可以在市场当中找到这样的目标股票，并且买入持有，股价走弱的时候再抛售股票。

如图 1-12 所示，从海油工程（600583）的日 K 线图中可以看出，股价处于长期的阴跌中，并没有出现任何的看涨的信号。但是在 2010 年 7 月 2 日该股突然放量上涨了，当日收盘的时候股价以涨停价格 5.34 元/股收盘，成交量大幅放大到了前一交易日的 3.5 倍。依据当时指数开始逐步企稳的条件判断，该股也是遭到了大量资金的拉升才有快速反弹上涨的情况出现的。既然下跌的趋势已经被有效突破，那么该股后市还是非常看好的。喜欢做短线放量突破股票的投资者可以在第二天选择合适的时机建仓。

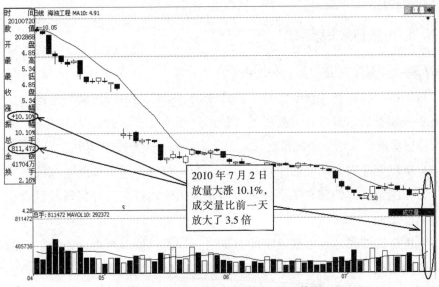

2010 年 7 月 2 日放量大涨 10.1%，成交量比前一天放大了 3.5 倍

图 1-12 海油工程（600583）日 K 线图

如图 1-13 所示，该股正是投资者选择的那种理想的股票，放量突破之

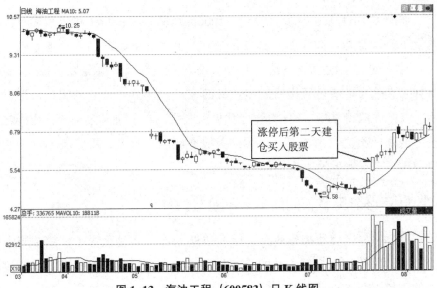

涨停后第二天建仓买入股票

图 1-13 海油工程（600583）日 K 线图

后在几天的时间里都是强势上涨的。投资者在第二天建仓并且持股，一定获利丰厚。

## 4. 短线持股时间短，持仓风险小

短线交易的持股时间是很短暂的，少则一天，多则几个星期的样子。短暂持股是可以避免股价持续下跌带来的不利影响。短线交易的风险主要在于进场点的选择上，只要投资者按照规律进行有效的交易，是可以避免买错股票的。买错股票的情况通常出现在抄底和逆市交易当中。

逆市交易中，风险之大是不言而喻的。投资者逆市买股建仓的胜算是非常小的，这样的建仓机会应该留给不惧风险的投资者，普通投资者还是不要这么做。

自信的抄底也是出现风险的情况之一。尤其熊市当中，长期下跌的趋势是难以改变的。股价在涨跌过程中，往往会出现无数次的筑底现象。但是哪一次是真正的筑底呢？只有市场本身走上升趋势后，才知道哪里才是底部。在熊市当中或者股价调整当中要学会等待，避免盲目抄底，短线买卖的风险就比较小了。

如图 1-14 所示，从复旦复华（600624）的日 K 线图中可以看出，该股的上下波动是相当频繁的，而没有绝对的上涨和下跌的趋势出现。投资者买入这样的股票做短线，是非常合适的。高抛低吸，避免处于被动之中。例如，在途中的 S 位置出现反转意义的 K 线（下影线较长的阴线）形态之后，并且在股价站稳 10 日均线之后买入股票。在股价越过 120 日均线之后选择合适的机会卖出股票。即便这只股票的波动再大，投资者不参与它的调整也不会有太大的风险。

## 5. 不必忍受漫长的熊市，不参与调整

只要选择了短线操作股票，就和长期的熊市调整无缘了。熊市当中股价上涨的时间短暂，而下跌的时间是漫长的。采用了短线投资方式，投资者就不用忍受长时间股价下跌或者滞涨的折磨了。即使股价在上涨的大趋

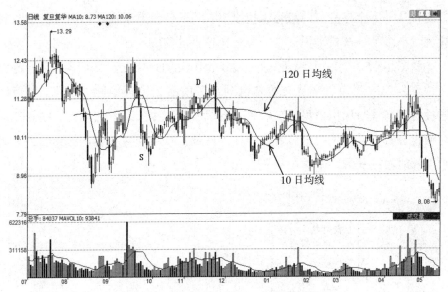

**图 1-14 复旦复华（600624）日 K 线图**

势当中，也可能有幅度很大的调整行情。见到调整出现后，投资者可以马上清仓出局。然后再选择那些上涨中的股票继续持有。这样看来，除非在大熊市当中，其余的投资者是根本不必等待机会的。经过换股操作后，可以有机会抓住任何一只上涨中的大牛股。

其实短线的真正魅力也正在于此：可以抓住任何上涨中的大行情，不错过任何一个上涨的机会。只要资金够用、精力充沛，同时持有几只牛股的可能性都是有的。

### 6. 可以做到见好就收，很少受到贪婪心态的影响

持股的时候很多投资者容易犯的一个错误就是贪婪。可以说贪婪是很多投资者不能够有效避免风险、保住利润的主要原因之一。当然投资者也会尽力地避免这样的事情发生，但效果是不尽如人意的，不断攀升的股价很可能最终会让投资者更加贪婪和失去理智。

而对于短线投资者，就不会有这样的事情发生了。投资者做的是反弹或者说是涨幅最大、上涨时间最短的一段行情，这样的行情本来就是很短

暂的，几乎不会有贪婪的机会困扰投资者。既然没有了贪婪，高位持股的风险也就小多了，这对于投资者应该是比较大的利好了。

如图 1-15 所示，从卧龙电气（600580）的日 K 线图中可以看出，该股在顶部出现 V 形反转前涨停价格已到达了顶部 25.05 元/股的价位。做短线的投资者在这时候可以见好就收，不管股价在第二天是上涨还是下跌，都不会使投资者遭受损失。这就看出短线的好处：从不受贪婪心态的影响，只追求上涨时候的利润，下跌与投资者无关。

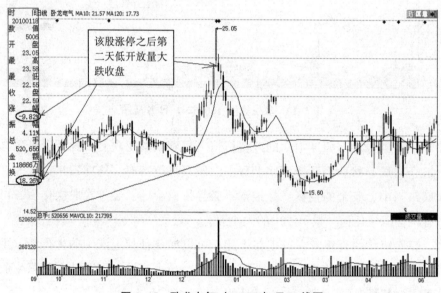

图 1-15　卧龙电气（600580）日 K 线图

# 第二章　兵马未动，粮草先行

## 第一节　大盘要第一个看

### 一、集合竞价是必看的

看盘先看量，看价就得先看集合竞价。集合竞价虽然只是开盘前短短的十分钟完成的委托交易，但是却包含了主力对当天股价走势的运作意图，对于日内短线交易者来说，集合竞价是不得不看的。当然集合竞价中不仅仅包含了庄家的操盘意图，还显示出市场多空双方共同的预期。认真研究集合竞价的结果，可以帮助投资者预先判断出市场的强弱状况，发现潜在的盈利机会，为当日的股票交易做准备。

#### 1. 集合竞价里的强势股

对于个股，集合竞价是一天当中最重要的价格之一，对于一天当中的价格走势都具有指导意义。若集合竞价的价格比前一日的收盘价格高，则表明多方力量比较强，后市很可能上涨；若集合竞价的价格下跌的话，表明当日的多方力量不足，当日的股价很可能会是下跌的趋势。

特别是在市场转暖的初期，主力很可能要迫不及待地将股价拉到位，而选择在集合竞价的时候就把股价拉到涨停价位。采用开盘涨停手法的主力实力是非常强的，而且股价上涨经常是具有很强的连续性的。因此，集合竞价时就涨停的个股应该引起短线投资者的高度关注。如果主力认为抛盘的压力不是很大，就会动用大量资金直接把股价封在涨停板；倘若大盘走势不尽如人意，庄家很可能会立刻转变计划，即使委托的单子也会重新撤回来，使股价呈现出不涨反跌的走势。

集合竞价时就大涨的股票，很可能在当日的走势中带动相应板块股票大涨，而板块联动也是投资者要重点关注的。

当然，主力也可以利用集合竞价打压股价，股价被压低后在底部抄底建仓，在收盘的时候又把股价重新拉起来。

如图 2-1 所示，上证指数个股在 7 月 1 日的集合竞价可以看出，当日有两只股票进入涨幅排行。在当日选股操作上，投资者可以考虑选择这样的板块进行操作。上涨幅度排行第一的安泰集团（600408）属于采掘业板块中，投资者在当日也可以适当地关注。

图 2-1　上证个股 2010 年 7 月 1 日集合竞价排行榜

## 2. 集合竞价里发现热点板块

集合竞价里的板块联动大涨现象，最能够说明市场中某一板块的强势特征了。在集合竞价中出现的强势板块，股票联动的现象说明主力拉升股价的信心十足，并且主力的实力是相当可观的，不然也不会在第一时间里将多只股票拉到涨幅排行榜中。投资者在开盘的时候看到板块联动的时候，一定要在当日的市场变化中多关注相关的股票变化情况。在当天适当的时机考虑建仓，博取上涨中的好收益。

如图 2-2 所示，2010 年 7 月 2 日的集合竞价的结果情况可以看出，当日开盘上涨的前七名个股中，有两只是化学板块的股票，分别是巨化股份（600160）和金路集团（000510），其他个股分别是社会服务板块美都控股（600175），房地产板块 *ST 海鸟（600634），非金属板块新大新材（300080），交通运输板块银轮股份（002126）和传播板块中卫国脉（600640）。涨幅榜七只股票中只有化学板块占了两个席位，其他板块的股票并没有集中的热点可言，而且 ST 类型的 *ST 海鸟居然也能够上涨幅榜，

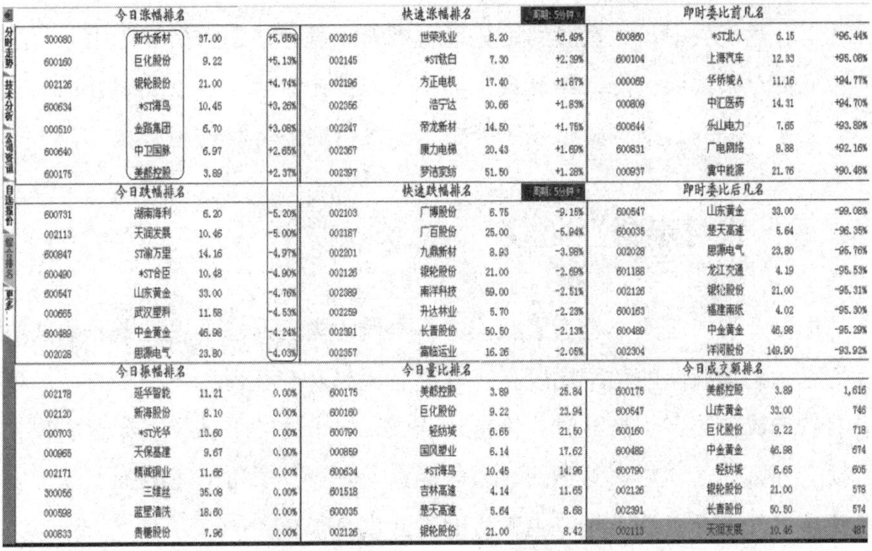

| 今日涨幅排名 | | | |
|---|---|---|---|
| 300080 | 新大新材 | 37.00 | +5.65% |
| 600160 | 巨化股份 | 9.22 | +5.13% |
| 002126 | 银轮股份 | 21.00 | +4.74% |
| 600634 | *ST海鸟 | 10.45 | +3.26% |
| 000510 | 金路集团 | 6.70 | +3.08% |
| 600640 | 中卫国脉 | 6.97 | +2.65% |
| 600175 | 美都控股 | 3.89 | +2.37% |

| 快速涨幅排名 周期:5分钟 | | | |
|---|---|---|---|
| 002016 | 世荣兆业 | 8.20 | +6.49% |
| 002145 | *ST钛白 | 7.30 | +2.39% |
| 002196 | 方正电机 | 17.40 | +1.87% |
| 002356 | 浩宁达 | 30.66 | +1.83% |
| 002247 | 帝龙新材 | 14.50 | +1.75% |
| 002367 | 康力电梯 | 20.43 | +1.69% |
| 002397 | 梦洁家纺 | 51.50 | +1.28% |

| 即时委比前几名 | | | |
|---|---|---|---|
| 600860 | *ST北人 | 6.15 | +96.44% |
| 600104 | 上海汽车 | 12.33 | +95.08% |
| 000069 | 华侨城A | 11.16 | +94.77% |
| 000809 | 中汇医药 | 14.31 | +94.70% |
| 600644 | 乐山电力 | 7.65 | +93.89% |
| 600831 | 广电网络 | 8.88 | +92.16% |
| 000937 | 冀中能源 | 21.76 | +90.48% |

| 今日跌幅排名 | | | |
|---|---|---|---|
| 600731 | 湖南海利 | 6.20 | -5.20% |
| 002113 | 天润发展 | 10.46 | -5.00% |
| 600847 | ST渝万里 | 14.16 | -4.97% |
| 600490 | *ST合臣 | 10.48 | -4.90% |
| 600547 | 山东黄金 | 33.00 | -4.76% |
| 000665 | 武汉塑料 | 11.58 | -4.53% |
| 600489 | 中金黄金 | 46.98 | -4.24% |
| 002028 | 思源电气 | 23.80 | -4.03% |

| 快速跌幅排名 周期:5分钟 | | | |
|---|---|---|---|
| 002103 | 广博股份 | 6.75 | -9.15% |
| 002187 | 广百股份 | 25.00 | -5.94% |
| 002201 | 九鼎新材 | 8.93 | -3.98% |
| 002126 | 银轮股份 | 21.00 | -2.69% |
| 002389 | 南洋科技 | 59.00 | -2.51% |
| 002259 | 升达林业 | 5.70 | -2.23% |
| 002391 | 长青股份 | 50.50 | -2.13% |
| 002357 | 富临运业 | 16.26 | -2.05% |

| 即时委比后几名 | | | |
|---|---|---|---|
| 600547 | 山东黄金 | 33.00 | -99.08% |
| 600035 | 楚天高速 | 5.64 | -96.35% |
| 002028 | 思源电气 | 23.80 | -95.76% |
| 601188 | 龙江交通 | 4.19 | -95.53% |
| 002126 | 银轮股份 | 21.00 | -95.31% |
| 600163 | 福建南纸 | 4.02 | -95.30% |
| 600489 | 中金黄金 | 46.98 | -95.29% |
| 002304 | 洋河股份 | 149.90 | -93.92% |

| 今日振幅排名 | | | |
|---|---|---|---|
| 002178 | 延华智能 | 11.21 | 0.00% |
| 002120 | 新海股份 | 8.10 | 0.00% |
| 000703 | *ST光华 | 13.60 | 0.00% |
| 000965 | 天保基建 | 9.67 | 0.00% |
| 002171 | 精诚铜业 | 11.66 | 0.00% |
| 300056 | 三维丝 | 35.08 | 0.00% |
| 000598 | 蓝星清洗 | 18.60 | 0.00% |
| 000833 | 贵糖股份 | 7.96 | 0.00% |

| 今日量比排名 | | | |
|---|---|---|---|
| 600175 | 美都控股 | 3.89 | 25.84 |
| 600160 | 巨化股份 | 9.22 | 23.94 |
| 600790 | 轻纺城 | 6.65 | 21.60 |
| 000859 | 国风塑业 | 6.14 | 17.62 |
| 600634 | *ST海鸟 | 10.45 | 14.96 |
| 601518 | 吉林高速 | 4.14 | 11.65 |
| 600035 | 楚天高速 | 5.64 | 8.68 |
| 002126 | 银轮股份 | 21.00 | 8.42 |

| 今日成交额排名 | | | |
|---|---|---|---|
| 600175 | 美都控股 | 3.89 | 1,616 |
| 600547 | 山东黄金 | 33.00 | 746 |
| 600160 | 巨化股份 | 9.22 | 718 |
| 600489 | 中金黄金 | 46.98 | 674 |
| 600790 | 轻纺城 | 6.65 | 605 |
| 002126 | 银轮股份 | 21.00 | 578 |
| 002391 | 长青股份 | 50.50 | 574 |
| 002113 | 天润发展 | 10.46 | 487 |

**图 2-2　2010 年 7 月 2 日集合竞价情况**

这说明当日市场走势还是不乐观的。从跌幅榜和涨幅榜个股的涨跌幅来看，幅度都在 5% 上下的范围内，这说明市场分化是相当严重的，涨的可以大涨，跌的也可以大跌。

综合分析来看，当日市场中很难发现能够有大幅上涨的热点板块出现了。投资者在当天的操作中应该采取非常谨慎的操作手法，规避可能的下跌风险。

### 3. 集合竞价里的大盘走势

集合竞价当中不仅包含了个股的最先买卖时机，以及热点板块的开盘竞价情况，还蕴涵了大盘股价当日走势的某些信息。通过正确地解读集合竞价的相关信息，可以帮助投资者从整体的角度辨别股市的变化，从而为一天的投资决策做好准备。

如果集合竞价的交易比较活跃，涨停的股票数也比较多，则说明市场将在早盘走出强势上涨的行情来。若大盘在集合竞价的时候就有很多只个股上涨，则当天股价整体向好的走势很可能会出现；若市场在集合竞价的时候就有多数股票已经下跌，则当日市场很可能会走弱。

集合竞价当中，大盘股的走势也对当天大盘有很强的指导作用。大盘股集合竞价时候逐渐上涨，则当日市场会表现得比较好；大盘股集合竞价的时候多数是下跌的，则当日市场走势很可能维持弱势下跌的趋势。

## 二、分时走势三条线

投资者买入股票都是为了赚钱，不赚钱的买卖谁也不想去做。尤其短线投资者，买卖股票的频率比较高，看准后再买入会获得比较好的收益。如果没有看准或者买在了高开时的价位，若当日股价持续下跌，就会造成很大的亏损。那么如何才能在开盘的时候就能预见到当日股价的走势呢？除了看集合竞价之外，开盘后半小时内股价的走势也是很重要的。

在开盘后不久，多头为了吸货而急迫地买入大量筹码，空头为了出货也会配合多头拉高股价。当股价急速拉到高位之后，出货并且伴随着下跌的走势就不可避免了。开盘后股价急速拉升的时候，投资者必须特别小心，避免掉进庄家出货拉升股价的陷阱当中。当然，主力也会利用开盘集合竞价的机会，用大量资金来打压股价，开盘的时候又加码卖出股票，使得开盘的时候股价呈现出跳水下跌的走势。殊不知，主力就是利用大跌诱使投资者卖出股票，在股价的底部大量吸货，达到低价建仓的目的。

因此，投资者通过看开盘后半小时的市场行情，预测当日的市场走势，这么做是非常重要的。这样投资者就不宜在开盘半小时内做交易，要做的就是仔细地看盘，研读市场的细微变化。

由于开盘时参与买卖的投资者比较少，股价很容易受到主力的操控，这时候的股价是被扭曲的。主力利用很少的资金就完成了对股价的拉升、试盘、打压等动作。随着时间的推移，开盘后多空双方进入了争夺阶段。在这个阶段中，市场的多空会分出强弱高下。最后不管是多方占优势还是空方占优势，股价总要得到相应的修正。空方占优势时，股价会是下跌的走势，而不管刚开盘时股价如何上涨；多方占优势时，股价会延续上升趋势或者从下跌的走势中反转过来。股价做出调整的走势，就是开盘 30 分钟内的最后一个阶段。在这个阶段当中，股价会做出与当日走势相同的修正。投资者只要通过仔细研究开盘 30 分钟内三个阶段股价的变化，就可以为当日的交易做好准备了。

在实际的操作中，对开盘时股价运行的判断是不容易的，但是可以用简便易行的方法直接判断股价运行的趋势。这就涉及到开盘中三条线的问题了。

### 1. 三条线的画法

假设十点钟的收盘价格大于当日的开盘价格，即价格的运行方向是上涨的，那么就得到了三条线的第一种画法。

如图 2-3 所示，连接开盘价（图中 A 点）、最高价（图中 B 点）和十点钟的收盘价格（图中 C 点）就得到三条线。

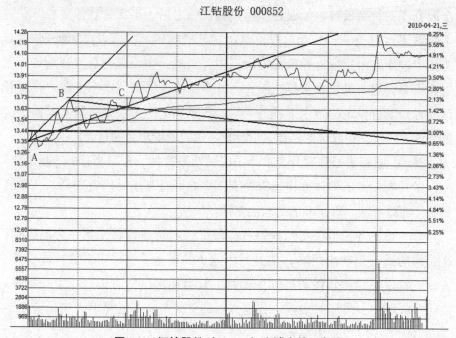

图 2-3   江钻股份（000852）上涨中的三条线

第一条线 AB：表示股票开盘时的价格运行方向，如果股价在开盘的时候被主力严重扭曲了，这条线的方向就会被修正。

第二条线 BC：表示股价被最终修正的方向，这条线是短时间内价格运行趋势，对股价当日的走势具有一定的指导作用。

第三条线 AC：表示被修正后的股价的最终运行方向，这条线对当日的价格走势具有很强的指导意义。

如图 2-4 所示，假设十点钟的收盘价格小于开盘价格，即价格运行的趋势是向下的，那么就得到三条线的第二种画法：

第一条线 DE：表示开盘时候股价的运行方向，价格被扭曲时，同样会在第二条线上进行修正。

第二条线 EF：表示价格被修正的方向，是短时间的修正线，对价格走势有一定的指导意义，一般不对股价趋势构成绝对的影响。

第三条线 DF：表示股价被修正后的最终运行方向，DF 线对当日的价格

江钻股份 000852

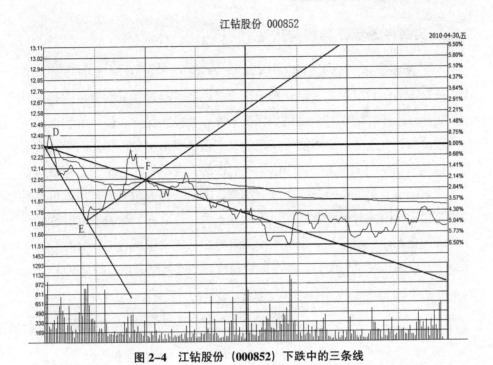

图 2-4 江钻股份（000852）下跌中的三条线

走势有很强的指引作用。

## 2. 开盘三条线的用法

不管是开盘上涨三条线还是开盘下跌三条线，使用方法是相似的。用法上首先应该看第三条线，因为第三条线是经过第二条线修正后的价格运动线。被修正后的价格对当日股价走势的指引作用最大。在很多时候，当天的价格是沿着第三条线指向的位置运动的。其次看第二条线。第二条线作为修正线可以指引股价的走势不偏离运动方向。虽然是对开盘价格运行方向的修正，但是也可以相应地修正十点钟后的股价走势。即使股价沿着第三条线的方向运行下去，在收盘的时候也可能按照第二条线进行相应的修正，即股价在收盘的时候会向着第二条线指向的方向修正。第一条线是开盘时股价最初运动的趋势线，很多时候在主力的操控下具有一定的欺骗性质。因此，它对股价运行趋势的判断指导作用有限，可以当做参考线看待。

### 3. 实战中开盘三条线的用法

如图 2-5 所示，小天鹅 A（000418）在 2010 年 2 月 23 日的分时走势中，高开盘但随后又回落了。开盘后半小时内股价经过了下跌然后拉起来整理的走势。十点钟的收盘价格是小幅度上涨。连接开盘价、最高价和十点钟的收盘价得到三条线。显然被修正后的第三条线显示出股价将在当天继续上涨，但是涨幅不一定很大。因为这条线向上的角度不够大，股价上涨空间恐怕会受到限制。第二条线（修正线）的修正方向是稍微向下的，但是角度同样不是很大，因此对股价上涨构成的压力不大。最后在一线的下方股价受到了很强的压制，但是这并不影响股价的升势。从成交量来看，股价高开后的下跌中并没有成交量的配合，而在股价被拉起的时候则有很大的成交量。

小天鹅 A  000418

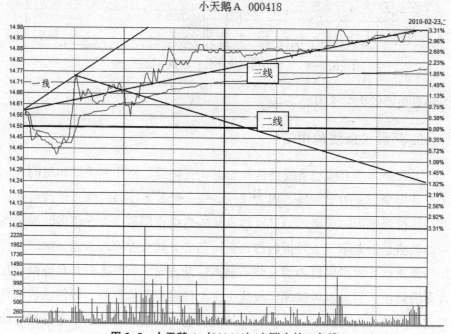

图 2-5  小天鹅 A（000418）上涨中的三条线

这样综合考虑三条线的运行方向，以及成交量的配合情况，就可以判断股价基本可以在当天按照三线的方向继续上涨，只是上涨幅度可能较小。

如图 2-6 所示，华意压缩（000404）在 2010 年 4 月 1 日的分时图中，股价平开小幅震动后即被拉出了上涨的弧形。开盘三条线全部指向上涨的方向，尤其是三线和二线几乎沿着同一条线向上延伸。这说明股价的上升趋势已经非常明显，当日股价的上涨将是高不可测的。从成交量上看，在十点钟前股价拉升阶段的放量也说明股价上涨是比较可靠的。事实上，当日股价以涨停价收盘也说明了这种判断的正确性。

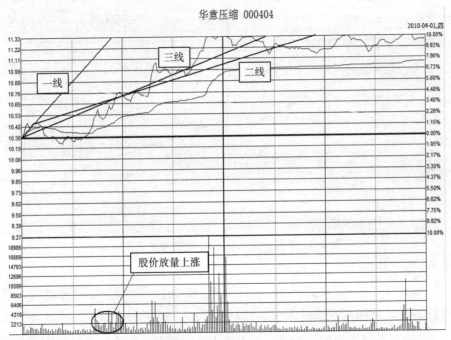

华意压缩 000404

图 2-6  华意压缩（000404）上涨中的三条线

如图 2-7 所示，中国一重（601106）在 2010 年 1 月 11 日开盘后，股价弱势整理之后就开始下跌了。从开盘三条线可以看出，三线的方向明显是向下的，但是角度不是很大。二线稍微地将股价运行的趋势向上进行修正，但是下跌趋势是不变的。而最初一线的位置更是径直地指向了下方。从股价运行的轨迹上看，十点钟的时候，形成了一个口向下的弧形，弧形的下跌趋势可以确定当日的股价一定是下跌的。当日股价最终以下跌 2.59%

报收，这也证明了关于股价方向的判断是正确的，只是幅度要根据具体情况分析。

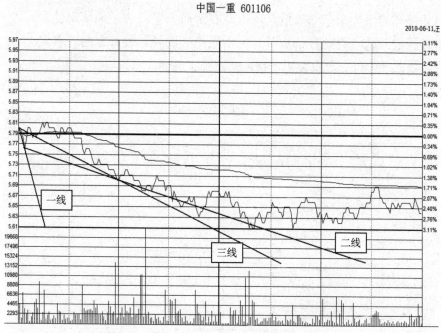

图 2-7　中国一重（601106）下跌中的三条线

　　如图 2-8 所示，沈阳机床（000410）在 2010 年 5 月 31 日开盘时，股价低开上冲受阻后立即进入了下跌趋势当中。截至当日十点钟，股价下跌了 2.57%。开盘半小时内重要的三条线中，三线显示股价在当日收盘即会有不小的跌幅。而二线指向的方向只是将股价略微向上修正而已，并没有显示出股价下跌的趋势会改变。二线最终指向的收盘价位置也只是显示出股价单日收盘不跌，但是也不会上涨。这样综合来看，当日股价会受到三线的指引而继续下跌。事实上，当天股价下跌幅度达到 5.89%，这也说明了下跌趋势的判断是正确的。具体到下跌幅度上，三线在收盘的时候与坐标的交点几乎就是收盘价格所在的位置。这样说来，投资者若准确画出三线，就能提前预知股价的收盘位置，为买卖股票做好准备。

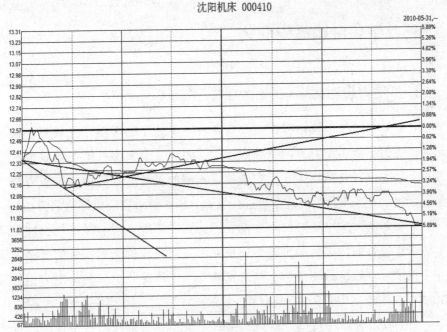

图 2-8 沈阳机床 (000410) 下跌中的三条线

## 4. 使用开盘三条线的注意事项

第三条线指向的方向一般都可以正确预测当日股价的波动方向,因此,投资者切不可逆方向操作。在预测收盘价格的准确性上,三线在很多时候能够准确地预测出股价的收盘位置,投资者可以作为参考使用。

三条线中的第二条线对股价走势的指引也是非常有价值的。当三线不能准确预测股价的方向时,可以参考二线来判断当日股价运行趋势。

一线是股价开盘时形成的,开盘时候的价格又很容易被操纵,所以一般不利用或者很少利用一线判断股价方向。

当三线和二线同时指向一个方向的时候,更能够说明股价是可以沿着两条线所指引的方向运行。

利用三条线判断股价运行方向,应该多注意成交量的影响作用,因为股价上涨或下跌是成交量直接作用的结果。

# 三、学会对比盘中变化

## 1. 多空力量对比

因为午盘的收市价格可以被投资者在中午休市的时候充分利用，收市价格就成为早盘多空双方的争夺焦点。主力经常下大力气把午盘收市价做得非常好看，以此诱惑中小投资者掉进其精心设计的陷阱中。投资者对早盘收盘和下午盘开盘股价的走势进行综合分析，就可以避免掉进陷阱。

下午开盘快速拉高很可能是投资者头脑发热的表现。股价的上冲很可能是非常短暂的，之后股价将会很快回落。而且弱势当中股价的缓慢上涨很可能预示着股价将要快速下跌。这样缓慢上涨的股价只是为主力出货腾出时间和空间，因此下跌在所难免。

上午收市时，股价以最低价格报收，也不一定意味着股价还会继续探底。很可能在下午开盘时，投资者恐慌性抛售，股价的再次下跌已经是最后一跌了，主力已经在股价再次探底的时候开始吃货了。

但股价运行方向明确上涨或者下跌时候，通常早盘市场的收市价格如果没有较大的变化，当日股价的方向就是上涨或者是下跌的。

在股市开盘的时候，多空双方会进行有力的争夺，究竟是多方占据优势还是空方占据优势，这要看哪一方率先打破僵局，股价率先被突破。从看盘角度，多空双方对比可以从以下角度考虑。

第一，龙头个股的涨跌情况。市场中每个板块上涨的时候，总是有的涨幅小一些，而有的涨幅大一些。涨幅大的通常都是龙头股。龙头股启动上涨的时候，都具备很强的示范效果，相应板块的个股也会随着龙头股的上涨而有所表现。当然下跌的时候，龙头股也会带领着相应板块的个股一同下跌。这就是龙头作用。

第二，流通盘比较大的指标股的动向。指标股通常是多空双方重点关注的对象。在拉升大盘或者打压大盘的时候，指标股都可以当做很有用的工具来使用。虽然现在股市的市值已经很大，仅仅对某一只指标股的控制可能对市场的影响微乎其微。但是主力通过对多只指标股的控制也可以对市场起示范作用，进而影响市场变化。

### 2. 涨跌家数对比

涨跌家数的对比关系最能够说明市场的强弱状况了。市场中多数个股上涨，只有少数股票下跌，空方就没机会让市场进入跌势当中，当日收盘指数上涨就是必然现象了。倘若市场中的个股在多数个股下跌的时候狂飙涨停，就不是好现象了。这时候下跌当中的个股会因为失去更多的买盘而导致跌幅扩大，而上涨中的个股也会像黑暗中的一盏灯一样，吸引市场中仅有的买家的注意。在早盘收盘的时候，涨跌家数的对比是很能说明市场强弱状况的。

一般早盘收盘的时候没有 2/3 的家数上涨，是不足以说明市场的强势状态的。最好在上涨的股票当中，每个板块的股票都会有一些股票上涨，而不只是某一热点板块的股票大涨狂涨，这样的上涨才是健康大盘的上涨。

### 3. 内盘与外盘对比

内盘是指以买入价成交的交易，买入成交数量应该计入到内盘当中。外盘是指以卖出价成交的交易，卖出成交数量应该计入到外盘当中。内盘和外盘的大小可以反映多空双方的强弱状况。在多数情况下，外盘数量大于内盘的时候，多方力量比较强，市场看涨；若内盘数量大于外盘的数量，空方的力量比较强，市场是看跌的。

当股价在当日比较低的位置时，成交量逐渐放大，而当外盘的数量相比内盘逐渐大幅度增加的话，日内收盘时股价很可能会上涨。

当股价在当日比较高的位置时，成交量放大后，并且不能够创新高，若内盘数量大于外盘数量，日内收盘时股价很可能会下跌。

股价在长时间阴跌时，出现的外盘远远大于内盘的情况，并不能说明股价一定会大涨。因为主力可以在股价下跌到低位的时候，自己用大量的委托单子买回卖出的股票，这时候也可以造成外盘大于内盘的情况发生，但是股价可能在次日继续下跌。

股价在长时间上涨时，出现内盘远远大于外盘的情况，也并不一定说明股价一定会大幅度下跌。因为主力可以通过先拉高股价再挂买单的手法，使得内盘远远大于外盘。在投资者看到这种情况后纷纷卖出手中的股票，主力就会趁机买入抢走筹码，之后股价就会迅速地被拉起，投资者陷入了空头陷阱当中。

经过大涨（或者大跌）的股票，即使出现了外盘大于内盘（或者内盘大于外盘）的情况，也不应该认为股价就即将上涨（或者下跌）。主力在这时候没有可能制造再次上涨（或者下跌）的假象。

### 4. 高低价位对比

通过对比盘中股价的高低价位，可以很清楚地分辨出市场的强弱程度。在强势的市场中，多方力量比较强大，可以使股价低开高走甚至高开高走。表现在股价上一定是当时的最高价格比较高，而最低价格也不会很低。这样的市场属于明显的多头市场，持股都不太容易赔钱的。尾盘追涨也是这种情况，追涨以后第二天还可以继续涨，无需担心它很快跌下来。

盘中看高低价位的一个好处就是，不容易受到指数高开低走的影响。到了盘中，指数和股价都会大体上反映一天中的趋势方向，除非是在反转的走势中，股价是不会发生非常大的变化的。股价的小幅度波动，正好为投资者买入股票创造了众多的机会。

## 四、尾盘的动作值得参考

股价的涨或跌，在当日收盘的时候就会盖棺定论了，由此投资者应该加倍地看重个股甚至指数的收盘点位。开盘经常是主力引诱投资者的大好时机，而盘中是多空双方较量的主要时间，尾盘会对一天当中多空双方较量的结果做出总结。尾盘对于承接当日股价走势并预测第二天的股价变化起到很大指导作用。

　　股价在尾盘时放量上涨，可以在日K线图中画出下影线来，长长的下影线本身就说明支撑作用很强，第二天股价很可能在开盘的时候冲高。投资者可以在当日尾盘的时候追涨买入股票，在第二天抛售股票。这样就相当于做了一次T+0的交易，收益高而且资金效率也提高了。

　　而当股价在当日尾盘跳水后，第二天股价很可能会延续下跌的趋势。投资者不宜在当日买入股票。

　　上涨时候尾盘放巨量上攻，投资者应该谨慎介入。因为尾盘放巨量上涨很可能会引起第二天开盘时的抛盘过大、投资者来不及卖出股票而造成亏损的结局。

　　若当日股价一直处于下跌的趋势当中，在收盘前半小时股价小幅上涨，摆出一副突破下跌趋势的架势，实则趋势为破，第二天将延续下跌的趋势不变。同样的情况若出现在上涨趋势中，尾盘短暂的下跌也不会扭转上涨的趋势。

# 第二节　做短线先看中长线

　　短线投资的时候，首先要看大盘当时的走势如何，市场是处在上涨趋势当中还是下跌趋势当中。如果是处在上涨的趋势当中，还要看是短时间的回调上涨还是长时间的牛市上涨。看好大盘历史中的位置以及当时的位置是十分有必要的，这关系到投资者短线投资的成败得失。看长线的方法不外乎看大盘、看指标股所处的位置、看资金量情况等。具体来说如下：

## 一、看大盘

　　大盘在上涨和下跌中，从日线中可能不容易分辨出来，但是从周线或者月线中就很容易分辨出来了。根据道氏理论判断大盘的主要趋势时，如果是上涨，上涨的持续时间将会是多长、当时的价位是在上涨趋势当中的什么位置，这些都需要投资者考虑。

从图 2-9 上证指数的年线图可以看出，指数的大牛市上涨时间会持续到两年以上，尤其是从 1995 年底到 2000 年的大牛市行情中，指数连续五年上涨。涨幅也高达 2.5 倍之多。2006 年到 2007 年底的牛市中，指数也持续了两年的上涨行情，涨幅高达 6 倍之多。投资者如果能够在这样的上涨行情中进入市场，无论如何做短线都是不容易亏钱的。但是当指数涨幅过大的时候，不要轻易再看多市场。如在上证指数仅用两年的时间就上涨 6 倍的情况下，股民应该提前收手。历史上两年上涨 5 倍的涨幅仅仅在 1992~1993 年发生过一次，而且那一次的上涨途中是有很大的回调的。

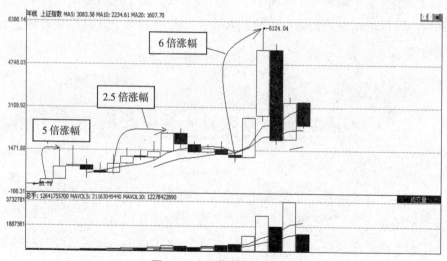

图 2-9　上证指数年 K 线图

# 二、看指标股所处的位置

指标股的位置是很能说明市场强弱状况和大盘所在的位置的。一般指标股是不会有很大的涨跌幅度的，只有在牛市的后期才会达到历史的高位。

牛市初期的指标股价格是很低的，这样也就有利于股市的顺利上升。如果指标股的价格很高，估值也相对高些，对应的泡沫就多了，市场是不容易有较大的上升行情的。

从图 2-10 万科 A（000002）的月 K 线价格走势图中可以看出，股价自从 1993 年以来就一直没有达到过除权价格 35 元/股以上，而在 2007 年的牛市当中，万科 A 终于做到了，当时股价上涨到最高 40.78 元/股附近。作为指标股的万科 A 都有这样的见顶涨幅，那么投资者还能买到什么样的低价股呢？显然是没有低价股可以买了，市场见顶迹象明显。

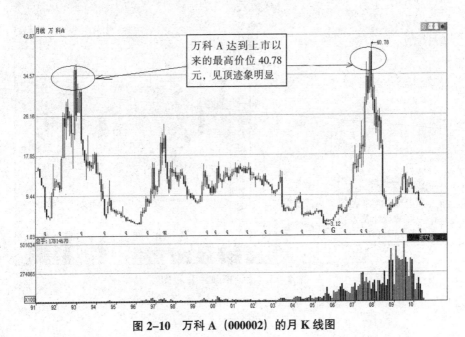

图 2-10　万科 A（000002）的月 K 线图

## 三、看资金量情况

看资金量就是看股市的成交量的大小，成交量合适的话市场才会有持续上涨的动力，没有成交量的市场不可能产生比较大的上涨行情。不仅成交量要放大，而且成交量能够持续变大或者维持比较大的水平，才可以使市场出现不断创新高的价位。

从图 2-11 可以看出，上证指数处于牛市行情中的量价关系。在上涨的初期，随着指数的不断上涨，成交量也上了一个台阶。中途调整时，成交量也随之萎缩。牛市行情见顶 6124 点之前成交量已经发出了见顶的信号。当指数显示的月线大跌的时候，成交量正处在指数见顶前最低的位置，即低量对应着下跌的低价月份。可见成交量对股价上涨有着重要的作用。没有成交量的配合，大盘是不可能上涨的。

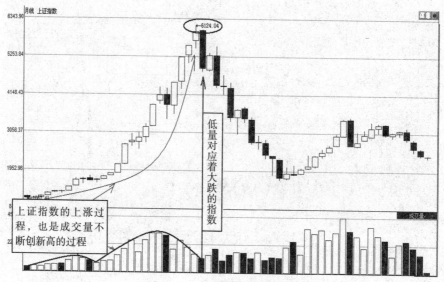

图 2-11　上证指数月 K 线图

# 第三节　有量才有价

## 一、常见成交量形态

成交量是指单位时间（如一小时、一日、一周等）某只股票或者指数的成交数量。成交量萎缩时，股价将步入下跌或者调整阶段；成交量放大，市场人气旺盛，股价将随之上涨。可以说，成交量是股价上涨的唯一动力来源，没有适当成交量的配合，上涨终究是乏力的。因此，投资者短线交易的时候，要细心观察成交量的变化，从而抓住买卖的时机，这对于成功完成一笔交易是非常重要的。

成交量按照缩放状态和各时间段之间的堆放程度可以分为缩量、放量、堆量和不规则量四种情况。

### 1. 缩量

市场中交易的每一笔成交量都是买卖双方成交的结果，只要有一方没有参与股票的买卖，成交量就不会有显著的变化，甚至造成成交量的萎缩。

缩量首先说明了市场中交投非常清淡，只有很少的投资者参与股票买卖。在上涨过程中的缩量通常表示不论是散户还是庄家，都达成了一种默契，对后市继续看好，同时惜售，造成市场中买方买不到筹码而成交量随之下降的结果。在下跌趋势中的缩量通常表示投资者对后市一致看淡，只有少量买方参与市场买卖，而空方却大量抛盘，但成交量终究没有放大。

### 2. 放量

放量是在多空双方争持不下时发生的。一方面多方看多后市，大量买入股票；另一方面空方看空后市，大量卖出股票，多空双方一拍即合，共同参与买卖使得成交量放大。

### 3. 堆量

通常在股价处于低位的时候，主力看好后市就会在底部建仓，这时候的放量上涨就是很正常的事情了。主力建仓不是一蹴而就的，要有足够的时间才能够完成建仓。长时间的建仓必然伴随着长时间的放量，不断放大的成交量就形成像土堆一样的量，就是堆量。股价底部堆量愈大、时间越长，后市中股价上涨的幅度也就越大。高位出现的堆量通常都意味着庄家完成了出货的动作，股价即将下跌。

### 4. 不规则量

成交量不规则地缩小或者放大，表明通常控盘的主力资金都不是很雄厚。资金量不大的主力，不论是在建仓阶段还是在拉升或者出货阶段，都不能长时间维持大量资金进出股市，这样就造成了成交量不连续的缩小和放大。

## 二、通过成交量辨认趋势

如图 2-12 所示，从上证指数周 K 线图中可以看出，指数在 A 时间段内的上涨基本上是价涨量增的状况。指数之所以能够不断地创造新高点，连续膨胀的成交量功不可没。指数上涨过程中，只要成交量不断增大，那么指数就可以进一步地上涨。成交量是指数上涨的原动力，看市场大方向要先看指数，看指数涨跌要看成交量是否不断放大。

同样，在图中 B 段，虽然指数不断创新高，并且一度达到 6000 点以上的大关，但是同一时间内的成交量却已经萎缩了。指数上涨却没有成交量的配合，那么指数离见顶也就不远了。事实上指数在上涨到了 6124 点就扭头下跌，这也是成交量不配合指数上涨造成的结果。

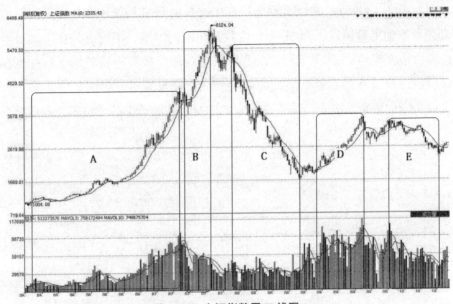

图 2-12　上证指数周 K 线图

在图中 C 段所示的熊市期间，指数在下跌中成交量始终处于缩量状态，这也是指数不能够转跌回升的原因之一。可以说指数上涨的时候，成交量萎缩是指数见顶的信号；而指数下跌的时候，成交量的放大就是指数止跌回升的信号。下跌当中，只有成交量首先放量到一定程度之后，指数才能有后续上涨的动力，否则指数是无论如何也不能涨上去的。

图中 C 段到 D 段部分的成交量首先成功放大到了下跌中从未出现过的状态，指数虽然并没有开始上涨，但是已经明显地企稳了，并且指数已经站在了均线之上，多头上涨的趋势即将形成。

图中 D 段就是指数继续放量上涨的阶段。可以毫不夸张地说，D 段的指数反弹几乎就是资金推动型的上涨。与当时国家出台的 4 万亿元的经济刺激计划密切相关。图中显示的连续放量状况，就连 2007 年牛市当中的成交量都没有达到这个水平，而在这次的反弹当中达到了如此高的成交量。因此，成交量对股市上涨的推动作用可见一斑。

图中 E 段指数缩量下跌同 C 段相差不多，就不再多说了。

如图 2-13 所示，在大元股份（600146）的日 K 线图中，G 段是明显的成交量推动上升阶段，而 H 段同 G 段是相同的。唯一不同之处在于，虽然 H 段内成交量也在不断地上涨，但是相比 G 段已经有一些萎缩了。并且在 H 段内，股价在最后创新高的冲刺中，成交量出现了非常明显的萎缩。失去成交量的配合，股价一路折返回来，成交量在股价下跌中也不断地萎缩。

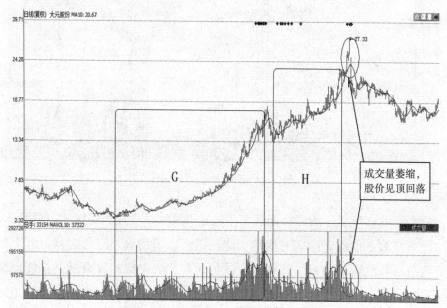

图 2-13　大元股份（600146）日 K 线图

如图 2-14 所示，从莲花味精（600186）的日 K 线图中可以看出，该股的上涨过程是由非常鲜明的 H、J、I 三个阶段组成的。在 H 阶段，该股的上涨过程与市场中个股的走势相差不大，成交量推动股价连续上攻。在 J 阶段，股价的上涨受到了一定的打压，成交量明显萎缩了。萎缩的成交量是不可能推动股价继续上涨的。I 阶段的情况就有所不同了，成交量迅速地膨胀，股价也似山洪暴发一般快速地上涨到了顶部。成交量上涨是非常好的现象，这样股价才能够不断地上涨。但是过度放量也就是股价即将见顶的表现。庄家通过放量拉升股价后，在顶部大量出货才导致成交量创下天量。

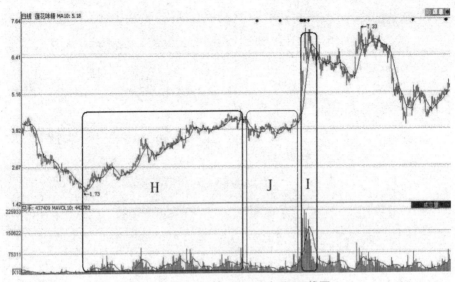

图 2-14 莲花味精（600186）日 K 线图

可见在使用成交量判断趋势方向的时候，上涨中的放量是股价上涨的动力，只要不是高位放出天量，股价的上涨一般是可以持续的。在跌势当中，只要成交量没有有效放大配合股价上涨，趋势就很难发生实质性的改变。只有成交量配合，股价真正止跌回升的现象才会出现。

## 三、量价关系很重要

成交量是股价上涨的原动力，要想准确预测股价的涨跌，分析量价关系是非常必要的，而且是必须要做的。成交量变化和股价之间最一般的关系是价涨量增、价跌量缩。但特殊的情况下，成交量不随着股价的变化而变化。

（1）价涨量增：股价上涨的初始阶段，成交量随着股价的上涨而同步放大，那么这时股价的上涨是非常健康的，投资者可以买入股票。

如图 2-15 所示，联创光电（600363）在上涨的初期出现了很明显的价格上涨而成交量配合向上的情况。良好的量价同涨关系，催生了后市当中继续上涨的趋势。

图 2-15　联创光电（600363）价涨量增

（2）价涨量缩：股价在上涨过程中，成交量不随之变大，反而呈现出背离的走势，这说明股价即将见顶，投资者退出观望为好。若成交量萎缩只是短时间的现象，随着股价的上涨成交量继续增大的话，投资者还可以继续持有股票。如果股价上涨，而成交量长时间与股价背离，则投资者应该尽早卖出股票，以防被严重套牢。

从图 2-16 万通地产（600246）日 K 线图中可以清楚地看出，股价虽然是在上涨，成交量显然跟不上股价的上涨速度。随着不断重复价涨量缩的不健康上涨状态，股价终究以长期下跌结束了牛市行情。投资者在价涨量缩的状态下持股时，应该做好随时止盈的准备，因为无量上涨本身就是不能够持续的。

（3）价涨量平：股价在下跌中或者上涨初期的无量上涨，通常只是非常短暂的技术性反弹，投资者切不可贸然跟进，否则极有可能被套牢。如果价涨量平中出现在股价上涨幅度过大的时候，说明多空双方的力量已经持平了，股价随时都有可能在空方力量增加的情况下开始下跌。

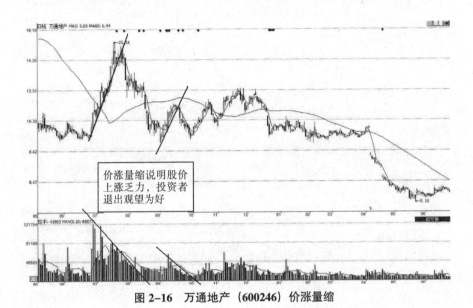

图 2-16 万通地产（600246）价涨量缩

如图 2-17 所示，长江证券（000783）在上涨过程中一直都有小幅的成交量上涨。但是当股价即将见顶的时候，虽然股价仍然在上涨，但是成交量已经不再变化，显然是上涨乏力的表现。多方力量显现出不足，之后不久股价在上涨到 27 元/股附近时出现了一根大阴线，随反弹现出双顶见顶形态，股价开始缩量下跌。

（4）价跌量增：在股价持续上涨过程中，出现股价下跌而成交量放大的现象，这说明股价即将转为下跌，投资者应该尽早卖出股票。在股价从高位下跌的初期，成交量放大配合股价下跌，证明下跌的趋势仍会继续下去；若在股价跌幅很深的时候，再次放量下跌的话，将是股价见底的信号，投资者可以准备随时买入股票。

如图 2-18 所示，宁波华翔（002048）由股价的顶部开始下跌的时候，放出了巨大的成交量，说明多空双方都看空后市，才造成了放量下跌的走势。后市当中，此股将要延续下跌的走势，投资者在股价下跌的途中不可轻易抄底。

图 2-17  长江证券 （000783） 顶部价涨量平

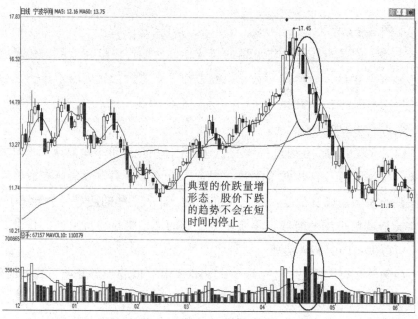

图 2-18  宁波华翔 （002048） 价跌量增

（5）价跌量缩：股价开始下跌的时候，无量下跌说明后市股价还有再次下跌的空间，投资者应该离场。在股价下跌幅度很大的时候继续缩量下跌，说明股价很可能将止跌企稳。投资者可以找准时机开始建仓。

如图 2-19 所示，西部矿业（601168）在上涨过程中，期间每次下跌都出现不断缩小的成交量，说明投资者一致看好后市，下跌的时候不愿卖出股票。上涨时候的增量更能够说明投资者的看多心理，股票后市上涨的空间巨大。

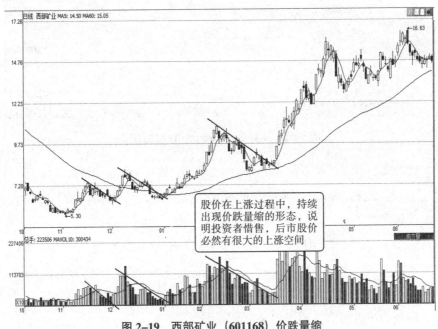

图 2-19　西部矿业（601168）价跌量缩

（6）价跌量平：股价下跌初期出现成交量维持不变的情况，这说明后市还会继续下跌，投资者应该空仓或者减仓。在下跌的底部出现价跌量平说明股价可能即将见底，可以适当考虑做多。

如图 2-20 所示，北辰实业（601588）股价在见顶下跌后，成交量并没有显著的变化，既没有增加也没有缩小，可以预见后市还是有很大的下跌余地的。途中也显示了股价经过长时间的下跌，几乎达到了跌无可跌的地步了。

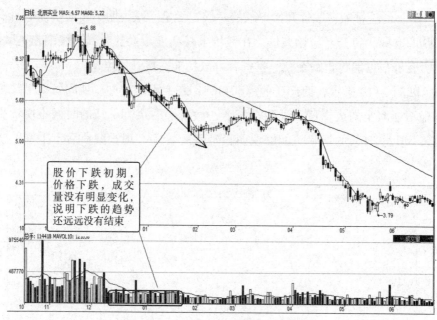

股价下跌初期，价格下跌，成交量没有明显变化，说明下跌的趋势还远远没有结束

图 2-20　北辰实业（601588）价跌量平

（7）价平量增：底部的成交量放大，而股价却没有相应地随之上涨，说明主力很可能利用股价放量滞涨的机会大量建仓，后市股价很可能会有很大的涨幅。

如图 2-21 所示，海泰发展（600082）在股价底部放出了很大的量，而股价却没有相应的大涨。这显然是主力在底部开始放量秘密建仓了。从后来的股价大涨中可以看出，当时主力建仓是相当成功的。如果没有如此成功的建仓，股价的涨幅很显然会受到限制。

（8）价平量缩：底部的缩量整理说明市场的方向有待于选择，股价很可能即将见底反弹。投资者可以见机行事，不要轻举妄动。

如图 2-22 所示东湖高新（600133）在上涨途中，股价维持了长时间的小幅整理趋势，而这时候成交量也不断地萎缩。直到最后股价开始放量上涨的时候，投资者才会发现原来价平量缩就好像庄家在洗盘一样，真正的拉升动作还在后边。

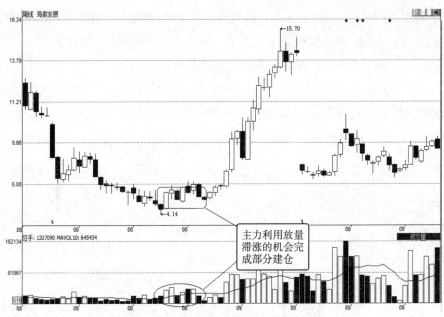

图 2-21　海泰发展（600082）价平量增

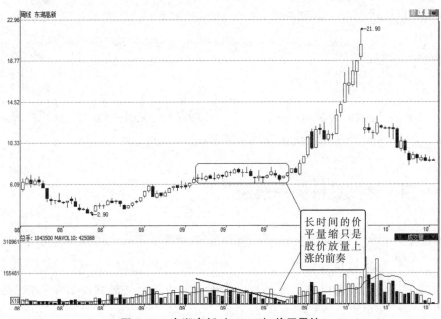

图 2-22　东湖高新（600133）价平量缩

（9）价平量平：多空双方力量没有发生变化，股价小幅波动，后市观望为好。已经买入股票的投资者可以继续持有，未买入股票的投资者可以继续持币，等待股价选择方向后再决定是否买股。

如图 2-23 所示，在中国卫星（600118）的周线图中，股价在大幅度拉升前曾经有过很长一段时间的横盘整理。横盘的时候，成交量也几乎没有变化。而后一段时间内主力反复放量震荡，股价终于开始了大涨的行情。

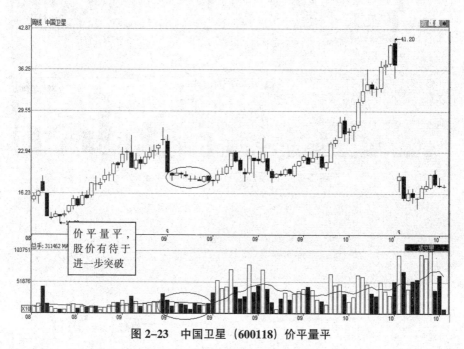

图 2-23　中国卫星（600118）价平量平

## 四、透过量价关系选股

通过量价关系来选择股票，就是要在上涨过程中，寻找价涨量增的股票。只有成交量和股价同步上涨，才是长时间内持续的上涨。除了价涨量增的股票外，选择那些上涨过程中出现明显价跌量缩的股票也是不错的选择。缩量表示投资者的交易意愿不强，下跌中出现缩量正是投资者惜售的表现。而惜售的股票在反弹时上涨的幅度一定会更大。另外选择一些反弹初期不断放巨量的股票，也是比较不错的。熊市转为牛市时，主力资金大举介入其中，短时间完成建仓过程，以后股票的上涨就有保证了。

如图 2-24 所示，东软集团（600718）周 K 线股价反弹的 A 段时间内，相比下跌时候萎缩的成交量，这时候成交量明显放大，并且出现了天量状态的巨大成交量。股价上升的初期出现天量是主力大举建仓的结果，放心持有这样的股票一定获利丰厚。

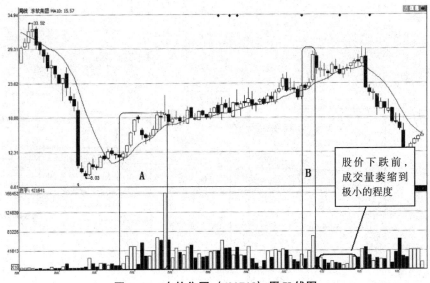

图 2-24　东软集团（600718）周 K 线图

自从天量出现之后，股价的上涨趋势就基本上被确立下来。上涨过程中成交量维持在比较温和的放量状态，是股价继续上涨的动力。当股价见顶的时候也是出现了一次放量的状态，如图中 B 段所示。这次的放量与股价处于底部的放量不同，主力利用这次最后的放量上涨的机会迅速完成出货的动作。

主力出货之后，从图中可以看出成交量迅速萎缩，这时即使股价再一次上涨也是强弩之末了，真正的顶部已经到来，股价进入了下跌周期中。

如图 2-25 所示，从太化股份（600281）的日 K 线图中可以看出，该股的上涨过程经历了明显的三个阶段。第一个阶段对应图中 C 时间段，这是股价上涨的初期，这时候成交量与股价是价涨量增的关系。股价很稳定地站在上升趋势之上，这时候持有股票是最安全的。第二个阶段是图中 D 时间段，股价开始了见顶回落的走势。成交量和股价在这段时间中都呈现出萎缩的状态。这时候，投资者最好以观望为主，等待趋势明朗之后再买入股票。第三个阶段是股价放出天量出货后，股价见顶回落阶段。图中显示在这个阶段，突然出现放大了近 5 倍的"天量"成交量就是庄家出货的证明。天量出货之后，股价只是刚刚上冲就见顶回落了。

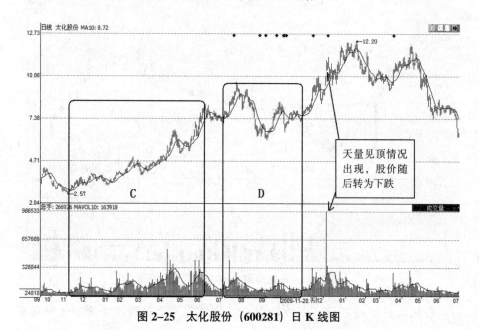

**图 2-25　太化股份（600281）日 K 线图**

如图 2-26 所示，潞安环能（601699）上涨初期，股价上涨和下跌时成交量配合得相当到位。上涨时对应着比较大的成交量，而下跌时成交量随之萎缩。上涨初期就能出现这样缩量下跌、放量上涨的现象，说明该股的上涨潜力是非常大的。后市的走势也证明，该股是一只不折不扣的大牛股，上涨的幅度超过 400%。

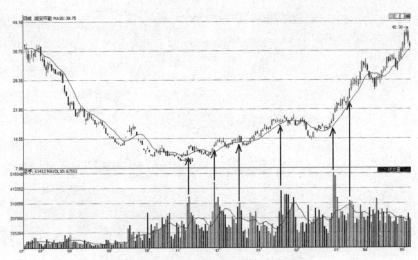

图 2-26 潞安环能（601699）日 K 线图

# 第三章　好的武器才能克敌制胜

## 第一节　指标流之 MACD

### 一、初识指标

平滑异同移动平均线指标 MACD 是由杰拉德·阿佩尔发明的。它是建立在移动平均线基础上的指标，相比移动平均线迟缓的反应，MACD 可以在第一时间发出买卖的信号。这样从使用的效果上来说，MACD 比移动平均线更加灵敏。不仅如此，移动平均线在明确的趋势面前是十分奏效的，而在股价横盘整理的时候，它常发出错误的买卖信号。MACD 相比移动平均线，可以更准时地提供趋势变化的信息，又能够让投资者抓住买卖点位。可以说 MACD 指标是建立在移动平均线的基础上而又高于移动平均线的指标。投资者可以充分利用这个指标来买卖股票。

### 二、计算方法

MACD 主要由三部分构成，即指数平滑移动平均线（EMA）、离差值

（DIF）和离差平均值（DEA）。其中离差值 DIF 是核心指标。离差值 DIF 可以通过快速移动平均线和慢速移动平均线的差值来求得。而离差平均值 DEA 是离差值 DIF 的移动平均线。投资者可以通过分析 DEA 和 DIF 的相互关系来判断多空方向，进行股票买卖。除此之外，MACD 还有一个辅助指标叫做柱状线（BAR），用于判断多空的强弱程度。BAR 是 DIF 和 DEA 相减所得的差值。

MACD 的计算过程：首先计算出快速指数平滑移动平均线 EMA1 和慢速指数平滑移动平均线 EMA2，以这两者的差值（即 DIF）为基础，计算出某一周期的 DIF 平滑移动平均线 DEA 值。最后求出 DIF 和 DEA 的差值，就是柱状图 BAR 的数值。MACD 的大小就是通过柱状图 BAR 的大小来反映的。在实际计算当中，通常选取 12 日和 26 日作为快速指数平滑移动平均线和慢速指数平滑移动平均线的计算周期，并且选取 9 日作为离差值 DIF 的计算周期。那么 MACD（12，26，9）就表示快速指数平滑移动平均线的计算周期为 12 日，慢速指数平滑移动平均线的计算周期为 26 日，离差值 DIF 的计算周期为 9 日。

MACD（12，26，9）计算的基本步骤如下：

## 1. 计算指数平滑移动平均线 EMA 值

12 日 EMA 数值为：EMA（12）= 2/13 × 当日收盘价 + 11/13 × 前一日的 EMA（12）值

26 日 EMA 数值为：EMA（26）= 2/27 × 当日收盘价 + 25/27 × 前一日的 EMA（26）值

## 2. 计算离差值 DIF

DIF = 当日 EMA（12）– 当日 EMA（26）

## 3. 计算 DIF 的 9 日平均值 DEA（9）

DEA（9）=（当日 DIF + 前 8 日的 DIF）/9

### 4. 计算离差值 DIF 的 9 日平滑移动平均线 DEA （9） 值

DEA （9） = 2/10 × 当日 DIF 值 + 8/10 × 前 8 日 DEA 值

### 5. 计算 MACD 值

MACD = 当日 DIF − 当日 DEA

# 三、运用策略

MACD 指标在运用上可以通过 DIF 相对于 DEA 变化，MACD 柱状图与 DIF 变化关系以及 DIF、DEA、MACD 形态变化判断买卖的时机。

（1）当 DIF 和 DEA 同时大于零的时候，说明市场属于多头市场，投资者可以在大部分时间里看多股价；若两者均小于零，说明市场属于空头市场，投资者可以在多数时间里看空市场。

（2）DIF 向上穿越 DEA。如果穿越发生在 DIF 和 DEA 都大于零的时候，则是买入的信号；如果穿越发生在 DIF 和 DEA 都小于零的时候，那么多数情况都是股价在下跌途中的反弹，时间不长又会恢复到下跌的状态中去。特别是，DIF 在零轴以下连续两次向上突破 DEA 的时候，说明市场可能不久就将转为上涨的行情。

（3）DIF 向下跌破 DEA。如果下跌发生在 DIF 和 DEA 都小于零的时候，则是卖出的信号；如果下跌发生在 DIF 和 DEA 都大于零的时候，那么多数情况是股价在上涨途中的回调，时间不长股价又会开始上涨。特别是 DIF 在零轴以上连续两次向下突破 DEA 的时候，说明市场可能不久就将转为下跌的行情。

（4）DIF 底部背离情况。股价在下跌的过程中，连续两到三次都不断创出新低，但是 DIF 却不出现新的低点反而逆势上涨，这时是底部背离，属于买入信号。底部背离的时间越长，背离的次数越多，买入的信号越准确。

（5）DIF 顶部背离情况。股价在上涨的过程中，连续两到三次都不断创出新高，但是 DIF 却不出现新的高点反而逆势下跌，这时是顶部背离，属于卖出信号。顶部背离的时间越长，背离的次数越多，卖出信号越准确。

（6）MACD 背离情况。股价下跌而 MACD 柱状图并没有下降，反而上升，此时为看多买入信号；股价上涨而 MACD 柱状图并没有上升，反而下降，此时为看空卖出信号。

（7）DIF 和 MACD 同步看涨情况。DIF 向上穿越 DEA，并且 MACD 也由负数转为正数的时候，属于看多信号。特别是 DIF 在大于零的时候向上穿越 DEA，看多的信号比较强烈。

（8）DIF 和 MACD 同步看跌情况。DIF 向下跌破 DEA，并且 MACD 也由正数转为负数的时候，属于看空信号。特别是 DIF 在小于零的时候向下跌破 DEA 时，看空的信号比较强烈。

（9）股价整理时的指标失真情况。股价在横盘整理的时候，DIF 会经常向上穿越 DEA 或者向下跌破 DEA，而 MACD 也经常在绿柱子和红柱子之间变化，这时候发出的买卖信号是非常不准确的。只有在持续的行情中，指标才足够的准确。

# 四、实战技巧

## 1. 底部背离买点

背离可以分为底部背离和顶部背离。价格上升到顶部的过程中，股价创了新高，而指标不增反降，这时就是顶部背离；价格下跌到底部的过程中，股价创了新低，而指标不跌反涨，这时就是底部背离。

顶部和底部背离几乎可以发生在所有的技术分析指标中，MACD 指标也不例外。股价在下跌时，MACD 指标不降反而向上突破就是底部背离。指标在底部发生背离的时候，说明股价的底部即将形成，投资者应该做好买股的准备。当然即使发生底部背离的情况，投资者也应该等待股价底部真正形成之后再买入。因为很多时候底部发生背离后，股价还会继续下跌，而且跌幅通常都是投资者难以承受的。

如图 3-1 所示，风帆股份（600482）在 2008 年 11 月前处于持续下跌的趋势当中，股价持续向下寻求新的支撑，而 MACD 指标却大幅度向上，并且离差值 DIF 曲线和离差平均值 DEA 曲线在相对的高点形成交错盘旋的"横盘状态"，即 MACD 发生了底部背离。底部的长时间背离说明股价即将见底，在图中股价向上突破后，投资者可以在指标突破零轴后又反抽回到零轴附近，DIF 和 DEA 曲线形成金叉后大量买入股票。

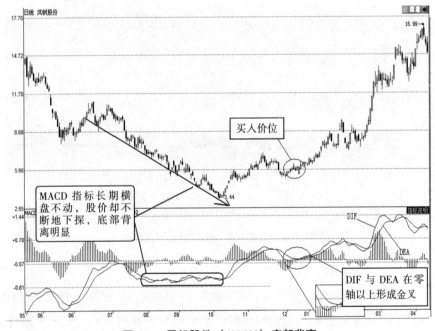

图 3-1　风帆股份（600482）底部背离

如图 3-2 所示，浪潮软件（600756）在 2008 年下跌的趋势中，股价由 13 元/股左右下跌到最低 3.44 元/股，下跌幅度高达 74%。再看 MACD 指标，随着股价每一次低点的出现，MACD 都不断向上涨，最终股价的底部不断下移而 MACD 却不断上移，最终达到一个新的高位。这时候的股价和 MACD 指标就形成了严重的背离。同样，在背离发生的初期，只是说明底部正在形成当中，至于何时能够形成真正的底部、底部形成之前股价还将下跌多少，都是未知数。因此，投资者应该在股价开始上涨、MACD 指标上升到零轴线以上，并且形成金叉时，买入股票。这时候可能不一定是最好的入场点，但一定是最安全的入场价位。

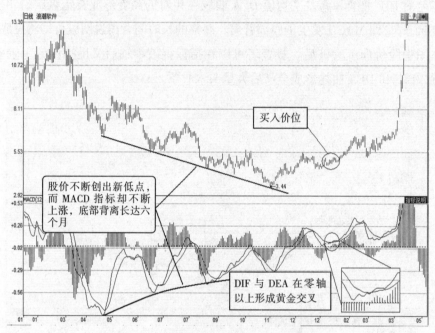

图 3-2　浪潮软件（600756）底部背离

指标的背离同样会发生在柱状图的变化中。如图 3-1 中 DIF 和 DEA 指标交错盘整时，柱状图已经上升到零轴附近区域，没有随着股价的下跌而再次探底。柱状图的底部背离同样给投资者有关股价即将见底的启示，投资者在这时候就应该做好准备了。

## 2. 底部金叉买点

MACD 的金叉形态发生在股价反转的初期，DIF 曲线从下向上穿越 DEA 曲线，若 DIF 顺利穿越 DEA，就形成了股价反转的金叉形态。就 DIF 曲线和 DEA 曲线所处的位置，金叉反转可以分为零轴以下的金叉、零轴附近的金叉和零轴以上的金叉。

（1）零轴以下的金叉。MACD 在零轴线以下出现金叉形态，是弱势当中出现的金叉，反映了股价在下跌过程中的反弹之后出现的黄金交叉，并不一定表示股价会改变下跌的方向。但是如果连续出现两次黄金交叉，情况就大不一样了。特别是金叉发生的位置不断抬高的话，股价反转的概率是相当高的。

如图 3-3 所示，福建南纺（600483）股价在下跌到相对低位后，DIF 曲线在零轴以下连续两次穿越 DEA 曲线，形成了两个不断抬高的金叉形态。在双金叉出现后，股价和指标同时上涨，投资者可以在 MACD 指标的零轴以上、DIF 曲线向下靠近 DEA 曲线的时候，买入股票。单个金叉可能说明不了什么问题，但是底部的双金叉就有很强的支撑作用了。由此图中也可以看出，双金叉出现后，股价上涨幅度高达 103.5%，已经是很不错的涨幅了。

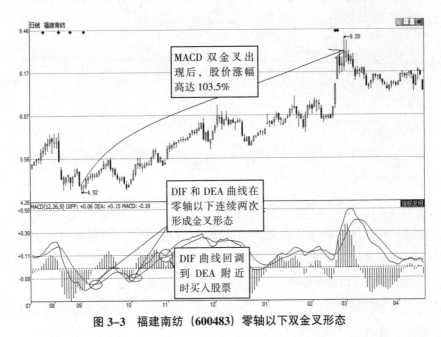

图 3-3　福建南纺（600483）零轴以下双金叉形态

（2）零轴附近的金叉。股价上涨过程中，途中小幅度的下跌通常都会造成 MACD 指标向下，当 DIF 曲线到零轴附近，并且从下向上穿越 DEA 曲线时就形成了零轴附近的黄金交叉。零轴附近的金叉通常都是买入股票的最佳机会。

如图 3-4 所示，龙元建设（600491）在上涨的途中，股价不断地进行小幅调整。调整的同时 MACD 指标中的 DIF 和 DEA 曲线也向下调整，待股价再次上涨时，DIF 曲线在零轴附近向上穿越 DEA 曲线，形成黄金交叉，这时候是投资者买股的最佳时机。股价和指标向下调整只是为再次上涨做好准备，调整后的股价其上涨的动能越高，涨幅也会越大。

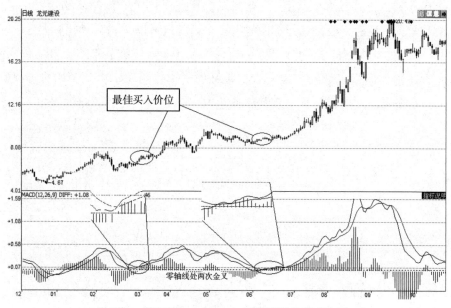

**图 3-4　龙元建设（600491）零轴附近的黄金交叉**

（3）零轴以上的金叉。股价在长期上涨过程中，出现短时间的回调，MACD 指标曲线 DIF 和 DEA 也随之向下回调。但股价调整后不久又开始反弹，这时 DIF 和 DEA 曲线也只是略微向下调整就形成了黄金交叉（DIF 曲线由下向上突破 DEA 曲线）。出现金叉后，投资者可以买入股票等待上涨，持股的投资者也可以继续持股。

如图 3-5 所示，哈飞股份（600038）是股价在连续上涨的过程中，出现了短时间的下跌调整走势。调整时间不是很长，下跌的程度也不深，之后股价就开始上冲。图中显示的 MACD 指标也只是小幅下降就出现了上涨的金叉，投资者可以在这时买入股票。股价上涨一段时间后出现了第二次的回调，这次回调的时间仍然不长，MACD 指标曲线 DIF 和 DEA 都在高位（DIF 和 DEA 数值在 0.6 左右）运行。股价和指标回调时间短暂而且回调的程度不深，这就造成了股价在以后的上涨中没有足够的动能，涨幅也不会很大。事实上，股价在 MACD 指标出现第二次金叉后，股价小幅上涨即开始回落。虽然股价继续创新高，但是 MACD 指标却没有创新高，出现了顶部的背离。这也就验证了 MACD 指标回调幅度不足，股价上涨幅度也很有限。

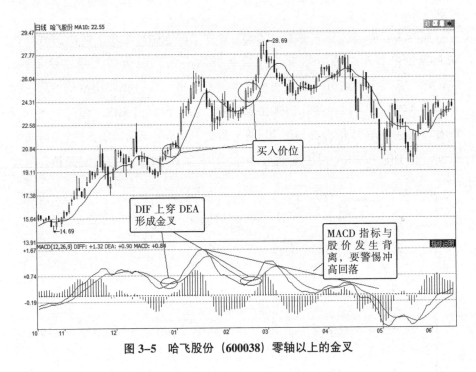

图 3-5　哈飞股份（600038）零轴以上的金叉

## 3. 顶部背离卖点

牛市当中，股价经过长时间的上涨，上涨的空间已经非常小，再次创新高的能量已经非常少。因此，股价虽然仍然小幅度上涨，但是指标方面已经走下坡路了。反映均线变化的 MACD 指标同股价走出了相反的趋势，开始由高位向下跌，这样背离就发生了。MACD 在高位背离的时候，DIF 曲线和

DEA 曲线虽然也随着股价的变化而上下波动，但是总体趋势是向下的，DIF和 DEA 的曲线高点不断下移。高位 MACD 指标背离是卖出股票的好时机，即使指标第一次背离时没有卖出股票，第二次背离时也应该出手了。因为一般情况下的顶部背离都不会超过两次，如果投资者在第一次顶部背离时没有卖出股票，第二次就必须卖出，否则很可能因为来不及卖出股票而在高位严重套牢。当然，激进一点的投资者可以在 MACD 指标第一次背离的时候，只进行减仓的操作，并且继续持有一部分股票，在股价再次背离的时候卖出所有的股票。

如图 3-6 所示，三一重工（600031）在上涨途中，出现了两次 MACD 指标和股价走势相背离的情况。每次背离后不久，股价即大幅度地下跌。MACD 指标每次背离时都是卖出股票的大好时机。在选择卖出价位方面，保守一点的投资者可以在指标出现顶部背离后，立即卖出股票；激进一点的投资者可以在 MACD 指标线 DIF 和 DEA 曲线下跌到零轴附近的时候，再卖出股票。在 DIF 和 DEA 到达零轴附近时，DIF 靠近 DEA 曲线的位置是卖出股

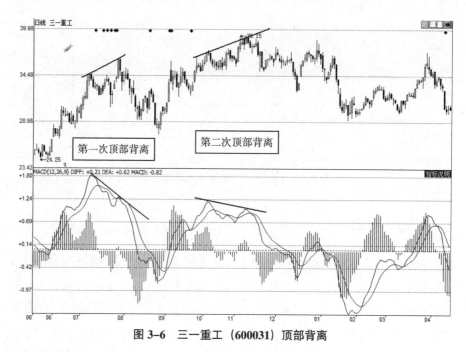

图 3-6　三一重工（600031）顶部背离

票的好时机。

图 3-7 中 MACD 指标背离后，激进的投资者可以在图中所示的 DIF 曲线靠近 DEA 后立即卖出股票。当然这时也是卖出股票的最后时机，如果未能卖出，也就没有更好的机会再卖出股票了。特别是在第二次指标背离时，股价跌幅更深。这是因为第一次指标背离所对应的数值高一些，而第二次指标背离所对应的数值低一些，而两次的价位正好相反。这样就出现了如图 3-8 所示的涉及时间比较长的背离情况的发生。

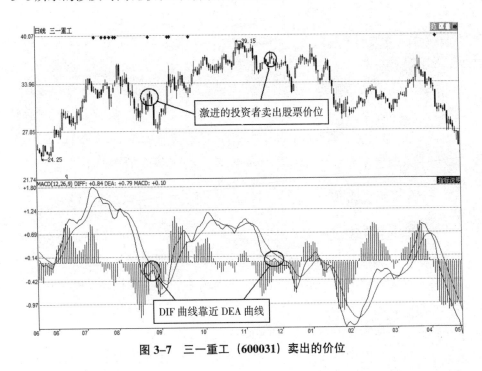

图 3-7  三一重工（600031）卖出的价位

从图 3-8 中可以看出，两个相隔时间长达三个月的顶部出现了明显的顶部背离，与其相比之前的先后两次背离已经不算严重了，这次跨越时间比较长的背离才是真正的背离。因此，股价在背离发生之后出现了幅度更大、持续时间更长的下跌。

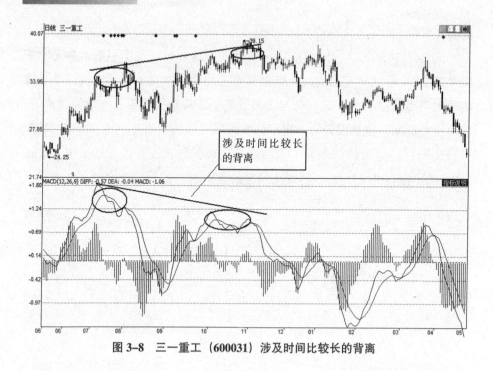

图 3-8　三一重工（600031）涉及时间比较长的背离

### 4. 顶部死叉卖点

　　股价在长期上涨过程中，出现下跌调整的行情后，MACD 指标也会出现死叉现象，即 DIF 曲线从上向下穿越 DEA 曲线，形成交叉形态。指标形成死叉后，后市看空的概率是比较大的。如果在股价上涨的顶部出现 MACD 指标死叉形态，那么下跌就是毫无疑问的了。

　　如图 3-9 所示，海通证券（600837）上涨过程中出现相对顶部，股价由此开始下跌。从图中可以看出，MACD 指标中的 DIF 曲线开始向下移动，并且与 DEA 曲线形成死叉形态。形成死叉是在 2009 年 2 月 20 日，当天收盘后 MACD 指标中的 DIF 数值为 0.88，DEA 数值为 0.89，DIF 刚好小于 DEA 值，二者形成了死叉。投资者选择在形成死叉的第二天就卖出股票是比较好的时机，提前卖出可以避免损失进一步扩大。

　　值得注意的是，股价盘整的时候形成的死叉不能盲目地卖出。因为盘整时 MACD 指标经常是不可靠的，屡次出现金叉和死叉并不能说明股票就要上涨或者下跌。

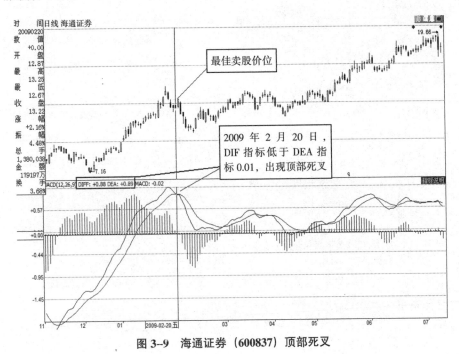

图 3--9　海通证券（600837）顶部死叉

# 第二节　指标流之 KDJ

## 一、初识指标

随机指标 KDJ 是由乔治·雷恩发明的，这个指标是股票和期货市场上比较常用的工具之一。通过给定当天和最近几天的收盘价、最低价以及最高价，来计算股价的真实波动情况，从而反映股价的强弱状况。这样，随机指标就可以在股价反转之前给出相应的买卖信号。

KDJ 指标有很多的优点，如在预测短期趋势时比移动平均线更加准确、有效，预测在超买超卖方面比相对强弱指标更加灵敏、可靠。可以说随机指标是比较理想的中短期买卖指标。

## 二、计算方法

KDJ 指标主要由 K 指标、D 指标和 J 指标组成。其中 D 值是对 K 值的移动平均处理。通常计算 K 指标的时间周期设置为 9 日，而计算 K 指标的平均值 D 指标的时间周期设置为 3 日。J 值是 K 值和 D 值的乖离程度，可以快于 K、D 指标出现顶部和底部，波动范围也不局限于 100 以内。那么以 9日、3 日计算 KDJ 指标过程如下：

### 1. 计算不成熟的随机值 RSV

RSV =（当日收盘价 − 最近 9 日收盘的最低价）÷（最近 9 日最高价−最近9 日的最低价）× 100

### 2. 计算 K 值、D 值和 J 值

当日 K 值 = 2/3 × 前一日 K 值 + 1/3 × 当日的 RSV 值

当日 D 值 = 2/3 × 前一日 D 值 + 1/3 × 当日的 K 值

当日 J 值 = 3 × 当日 D 值 − 2 × 当日 K 值

注：为了突出当日股价变化的影响，公式中采用了人为选定的数值系数1/3、2/3，通常这个系数是不用更改的。

## 三、运用策略

KDJ 指标的运用主要从 K、D、J 值的大小、KDJ 曲线形态和 KDJ 背离等方面来考虑。

（1）K、D、J 三个指标的数值范围都是 0~100。通过不同的指标数值，可以判断股价是否处于超买或者超卖状态。当股价处于超买状态时，通常 K

的数值大于 80、D 的数值大于 70、J 的数值大于 100；当股价处于超卖状态时，通常 K 的数值小于 20、D 的数值小于 30、J 的数值小于 0。股价处于超买状态时，投资者要适当地减仓，以避免高位的风险；股价处于超卖状态时，投资者可以考虑适当地买入股票，以免股价上涨后踏空，错失获利的机会。

（2）当 K 值非常小（例如 0）或者非常大（例如 100）时，表明股价下跌或者上涨的趋势非常大，股价总是能够创新低或者新高。这样的大趋势中，股价如果开始反转，将被视为较好的买入或者卖出时机。

（3）趋势的反转信号。在股价上升到相对的顶部时，K 线从上突破 D 线时，是卖出的信号；在股价下跌到相对的底部时，K 线从下突破 D 线时，是投资者买入的信号。当随机指标的曲线变得平缓时，通常意味着股价即将变换方向，投资者这时候要提高警惕了。

（4）KDJ 指标形态反转信号。当 KDJ 指标线在相对的底部形成多重的底部时，是买入信号；当 KDJ 指标线在顶部形成多重的顶部时，是卖出的信号。

（5）顶部和底部的背离信号。当 D 线处于超买状态时，股价不断创出新高，但是 K 线却出现连续下降的顶部，这样就在股价的顶部出现了背离，是卖出的信号；当 D 线处于超卖状态时，股价不断创新低，但是 K 线却出现连续抬高的底部，这样就在底部出现了背离，是买入信号。

# 四、实战技巧

## 1. 底部背离买点

在 KDJ 指标底部背离中，股价虽然也还在下跌当中，但是相对的底部已经形成，不久股价就会反转向上。不管反转的时间和幅度如何，股价向上是必然发生的事情。投资者需要注意的是进入时机的选择。在指标发生背离的时候，可以买入股票，但不必将预计的涨幅看得太高。如果股价上涨一段后出现死叉，并且开始下跌，投资者要及时止盈。避免从盈利状态变为亏损状态。

如图 3-10 所示，片仔癀（600436）在下跌的过程中，股价底部不断下移，而 KDJ 指标并未随之下调，而是逐渐地走出了上升的趋势，这样底部指标背离就出现了。背离后投资者可以适当买入股票，适当地持有等待上涨行情出现。正如预料的那样，图中显示的股价开始缓慢反弹上涨，但是股价涨幅并不是很大，指标却很快见顶超买。指标超买后随即形成了向下的死叉形态，短线的投资者可以先行卖出股票，等待股价再次见底形成金叉后买回股票，如图中所示的 KDJ 指标在股票下跌后不久又一次形成金叉，就是买入的好时机。

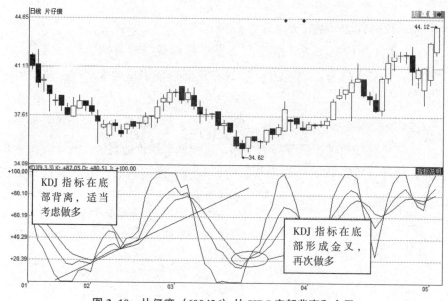

图 3-10 片仔癀（600436）的 KDJ 底部背离和金叉

## 2. 底部金叉买点

股价在下跌中或者弱势整理时，D 线、K 线、J 线依次由上到下排列，并且三条线处于 50 附近或者 50 以下区域当中。当股市转强、股价开始上涨的时候，K 线和 J 线就会同时向上穿过 D 线，这时候就形成了股价看涨的黄金交叉形态。

　　如图 3-11 所示，柳化股份（600423）在上涨过程中出现了下跌的走势，KDJ 三条曲线也下行到 50 以下的区域。但不久之后，股价上涨，KDJ 三条线也开始上升，并且在 50 附近形成了黄金交叉（K 线和 J 线同时向上穿越 D 线），这时候投资者买入股票就是比较可靠的选择，因为股价再次上涨的趋势非常的明显。

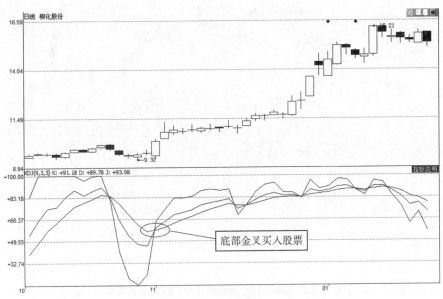

图 3-11　柳化股份（600423）的 KDJ 底部金叉

## 3. 顶部背离卖点

　　长期上涨的行情中，股价在高位继续向上的动力会在空方的打压下逐渐消退，而出现下跌的行情。但是很多时候股价是不容易下跌的，在下跌前还会呈现出弱势的上涨现象。即使股价上涨，指标也会出现向下的背离现象。背离的结果就是股价逐渐形成顶部反转形态，股票进入到下跌趋势当中。

　　如图 3-12 所示，伊利股份（600887）上涨当中，多方力量逐渐衰退，而空方力量逐渐强大起来，股价缓慢地向上移动。在股价创新高的时候，KDJ 指标虽然也出现了相对的高点，但是还是低于之前 KDJ 指标线的高点，这样 KDJ 指标就和股价的走势形成了背离的现象。背离刚刚发生，股价就见顶回落了。投资者只有在发生背离后第一时间内减仓或者全部平仓才能保住利润，避免由盈利变为亏损。

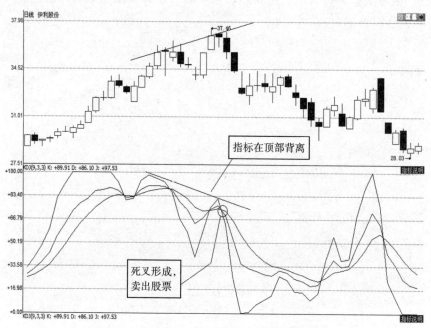

图 3-12　伊利股份（600887）的 KDJ 顶部背离

## 4. 顶部死叉卖点

在牛市的后期，股价上涨到顶部开始盘整，并且有逐渐走弱的趋势。虽然股价没有大幅度的下跌，但是多方力量已经明显不足，下跌是迟早的事情。股价下跌时，K 线和 J 线向下突破 D 线形成死叉，这是投资者卖出股票的时机。

如图 3-13 所示，海欣股份（600851）在股价高位整理时，KDJ 指标中的 K 线和 J 线向下突破 D 线，形成死叉。虽然股价再次反弹，但是 KDJ 指标中的 K 线和 J 线并没有向上涨到 D 线以上，而是小幅反抽就回落下来。这时候 K、J 曲线的反抽只能被当做小反弹，是投资者卖出股票的绝佳时机。投资者可以利用这次股价创新高而指标未创新高的机会，获利回吐卖出手中的股票，以避免以后的下跌行情。

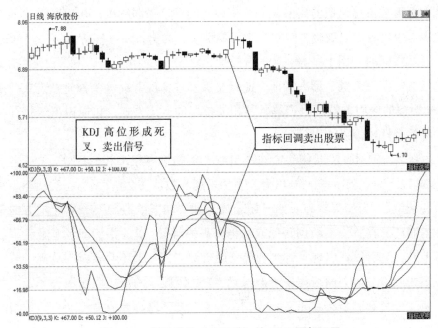

图 3-13　海欣股份（600851）的 KDJ 顶部死叉

# 第三节　指标流之 RSI

## 一、初识指标

相对强弱指标（RSI）属于振荡指标，由 J.Welles Wiloler.Jr 在 1978 年提出。最早应用于期货市场中，后来因为其效果比较好，也广泛地应用于证券市场中。根据市场上升和下降趋势间的力量比较来判断市场价格的走势，可以说 RSI 是一种领先指标。

一般投资原理认为受各种因素影响的行情变化，最终受制于供求关系的影响。而 RSI 指标正是出于这一点的考虑，可以通过测量某一个时间段的股价上涨天数占总天数的比值，来衡量市场的多空强弱程度。从 RSI 数值的变化中，投资者可以观察多空双方力量的消长，为决策做好准备。

从指标的应用上来看，RSI 指标是相对比较复杂的。该指标几乎囊括了包括数值大小衡量、形态特征、曲线交叉和顶、底背离等多种研判方式，从 RSI 指标的应用上就可以了解其他相关指标的运用方式，可以说 RSI 指标是一种综合性比较强的指标。

RSI 的应用方法同移动平均线 MACD 等指标有很多相似之处。RSI 数值在 50 以下为空头市场，50 以上为多头市场。数值在 20 以下为超卖状态，数值在 80 以上为超买状态。处于超卖或者超买状态的股票会有向相反方向运动的倾向。在股价不断创新低或者创新高的时候，RSI 指标却没有继续下跌或上升，这时候就出现了背离现象。股价和指标一般不会长时间背离，背离后不久股价一般会向着相反方向运动。RSI 短周期的指标曲线和长周期的指标曲线也会形成金叉和死叉的情况。金叉和死叉同样具有看涨和看跌的指示作用。

# 二、计算方法

假设 m 为 N 日内收盘价是上涨的天数之和，n 为 N 日内收盘价是下跌的天数之和。将 m 和 n 的数值代入到 RSI 计算公式中得到：

N 日内 RSI = m ÷ (m + n) × 100

计算得出的 RSI 数值是一个百分数，这个百分数的范围是 0~100。当 RSI 数值在 20 以下的时候，为超卖区域；数值在 80 以上的时候，为超买区域。股价超卖后通常会筑底反弹，超买后就会下跌，这样 RSI 可以指导投资者在价格反转前提前做出准备。

# 三、运用策略

常用的 RSI 通常以 12 日为计算周期，也可以配合以 6 日为周期的 RSI 数值来计算，从而综合研判股价的走势情况。RSI 在市场中已经应用得非常普遍了，通过 RSI 指标计算超买超卖情况，并且参考均线和其他技术指标，来增加判断股价底部和顶部的准确性，从而减少损失。以 6 日为计算周期的 RSI 指标研判技巧如下：

（1）当 RSI 数值达到 20 以下的时候，为超卖区域。股价处于超卖区域时，随时都有反弹的可能性，投资者要保持警惕，在反弹的时候抢底。

（2）当 RSI 数值达到 80 以上的时候，为超买区域。股价处于超买区域时，随时都有下跌的可能性，持股的投资者要注意提前止盈以免被高位套牢。

（3）数值为 50 的 RSI 是多空均衡线，50 以下为弱势区域，50 以上为强势区域。

（4）当股价由下向上穿越 50 线时，说明市场已经转为强势；股价由上向下穿越 50 线时，说明市场已经转为弱势。

（5）股价下跌时创新低，随之 RSI 数值也创新低，那么后市仍然看空。若 RSI 没有创新低，或者向上反弹，这样就出现了底部背离。发生背离时股价会有强烈反弹的需求，投资者应该密切关注股价的动向。

（6）股价上涨时创新高，随着 RSI 数值也创新高，那么后市仍然看多。若 RSI 没有创新高，或者数值下跌，就出现了 RSI 顶部背离。顶部发生背离后，股价随时都有下跌的危险，持股的投资者要做好止盈的准备。否则股价下跌时的损失会很大。

（7）连接 RSI 的两个底部，可得到一个向上的切线，若 RSI 数值跌破切线段，则为不错的卖出机会。同样地，连接 RSI 的两个顶部，可以得到一个向下的切线，若 RSI 数值向上有效突破这条切线，则是很好的买进机会。

（8）在实际应用中可以用两条计算周期不同的 RSI 曲线来判断股价的走势，如常用的长短期 RSI 周期为 12 天和 6 天。

当 RSI（6）由 20 以下向上穿越 RSI（12）的时候，是极好的买入信号。

当 RSI（6）由 80 以上向下穿越 RSI（12）的时候，是极好的卖出信号。

（9）除此之外，RSI 形成双底、双顶和头肩底部、头肩顶部等形态时，同股价形成的相关形态是一样的，可以提供买卖股票的信息。

# 四、实战技巧

## 1. 底部背离买点

在股价持续下跌中，RSI 指标开始上升，两者就在底部发生了背离。背离虽然不能够说明股价可以立即上涨，但是可以提示投资者底部已经在形成之中了。背离形态出现后，股价一般都会上涨。投资者可以根据股价所处的下跌趋势的大小来判断反弹幅度。在长时间、大幅度的下跌中所发生的底部背离，只要股价开始量价配合上涨，涨幅就是很可观的。

如图 3-14 所示，在雅戈尔（600177）的日 K 线图中，股价跟随着大盘快速下跌，短时间内超跌后 RSI 指标线中以 6 日和 12 日为周期的两条线先后达到超卖状态。之后股价反弹无果再创新低，RSI 指标却开始上升了。这样底部的 RSI 指标就和股价发生了底部背离。发生背离后股价会再次上涨。短线投资者可以在 RSI 指标站稳 50 这条线之后，再建仓做多。途中可以看出买入股票后的盈利还是不错的。从 12 元/股涨到 15 元/股左右，有至少20%的涨幅。

## 2. 底部金叉买点

股价在下跌趋势即将结束的时候，RSI 的短期指标由下向上穿越长期的指标线，这时候就形成了底部的金叉形态。金叉形态由当时 RSI 数值所处的位置可以分为 50 以下的金叉和 50 以上的金叉。在 50 线以下形成金叉是弱势金叉，只有短期的 RSI 由超卖状态开始向上反弹穿越长期的 RSI 线，并且成交量放大时才更具有看涨的作用。股价在上涨过程中重新上涨会在 50 线

图 3-14　雅戈尔（600177）底部背离形态

以上形成金叉形态。50 线以上形成金叉形态后，投资者可以在股价相对低位处加仓或者建仓。

　　如图 3-15 所示，雅戈尔（600177）在底部发生背离之后，6 日的 RSI指标与 12 日的 RSI 指标形成了底部金叉形态。图中 A 和 B 位置形成金叉，这时投资者可以在金叉形成后的两个大阳线处买入股票。具体来说，投资者可以根据 RSI 指标的计算公式，在股价收盘前半小时左右的时间里提前判断出股价收盘时的涨跌，计算出 RSI 数值的大小。如果计算出的 6 日 RSI 数值大于 12 日 RSI 数值，证明当日收盘时 RSI 指标会在底部形成金叉形态。

### 3. 底部双底或三重底买点

　　RSI 指标线在底部形成类似于股价底部形成的双底形态或者三重底形态时，如果股价在此时带量上涨，通常情况上涨都是比较可信的。

　　图 3-16 国电南自（600268）周 K 线图显示，股价在下跌过程中，RSI形成了双底的形态。双底部如果被确认之后就是可靠的上涨信号。图中一根

图 3-15　雅戈尔（600177）底部金叉买入点

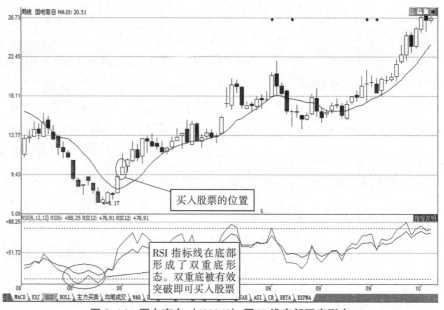

图 3-16　国电南自（600268）周 K 线底部双底形态

大阳线出现后，RSI 指标随着股价的不断上涨而创出新高。激进一点的投资者可以选择在 RSI 指标出现双底形态且形成金叉之后立即买入股票。如果感觉把握不大，可以选择在指标穿越 50 线、股价回调时买入。这时候买入股票，从价位上来看就不便宜了。

## 4. 顶部背离卖点

牛市末期股价虽然也在吃力上涨，但是 RSI 指标已经不能够再创新高了。股价继续上涨而指标已经掉头向下是股价见顶的绝好信号，投资者减仓只是时间问题了。若顶部背离的时间比较长，幅度比较大，投资者最好立即减仓。

如图 3-17 所示，在方兴科技（600552）周 K 线的走势当中，股价连续三根大阳线之后，虽然也在缓慢地上涨，但是 RSI 指标与股价已经发生了明显的背离走势。不仅如此，RSI 的 6 日线和 12 日线纠缠在一起，而且形成向下的死叉形态。当 K 线上出现一根阴线之后，RSI 指标的 6 日线已经与 12

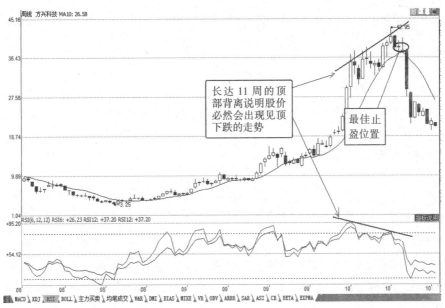

图 3-17 方兴科技（600552）周线顶部背离卖点

日线形成了死叉，两条线之间的距离也扩大了许多，此时是投资者止盈的好时机。

从图 3-18 方兴科技的日线图可以看出，高位背离后，RSI 指标线徘徊在 50 附近，当 6 日的 RSI 与 12 日 RSI 线形成死叉并且穿越 50 线后，投资者即可以迅速卖出股票。图中所示为 2010 年 5 月 7 日收盘前，根据日线中 RSI 的形态，在当日收盘前卖出股票。

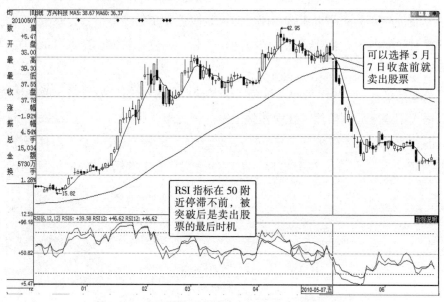

图 3-18　方兴科技（600552）日线卖出股票的位置

## 5. 顶部死叉卖点

在股价上涨乏力且将要加速下跌前，RSI 短期指标线会自上而下穿越 RSI 指标线，这时就是顶部的死叉形态。在 RSI 50 线以上形成的高位死叉对股价下跌的象征性意义更大一些。股价在持续的下跌中，会在小幅反弹后继续下跌，这时在 RSI 50 线以下就会形成死叉形态。50 线形成死叉一般说明股价还会持续下跌。

在图 3-19 全柴动力（600218）的日线图中，股价大幅度上涨之后，RSI

指标显示出严重的超买状态。之后 6 日的 RSI 线自上而下穿越 12 日的 RSI 线，高位死叉形成了。虽然死叉形成之后 RSI 指标随股价的上涨而有所反弹，但是反弹无力，最终股价和指标一同下跌。

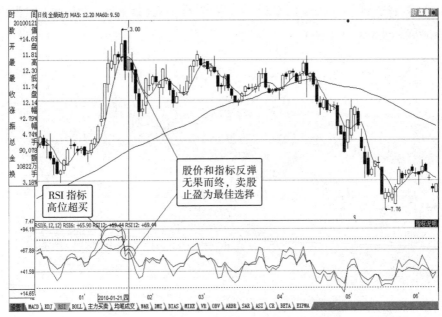

**图 3-19　全柴动力（600218）日线中死叉卖出**

从当时的分时图中可以看出，股价收盘前的 RSI(6) 数值在 55 附近，而 RSI（12）数值在 60 附近。如此低的数值显示出死叉的作用比较强，股价稍微下跌 RSI 就跌破 50 线了，而 50 线正是多空的分界线。RSI 数值达到 50 以下就证明股价已经进入空头市场，那时候再卖出股票就已经晚了。所以投资者可以选择在 1 月 22 日的日线形成前卖出股票。如果没有卖出股票，而是待股价再次反弹再卖出股票，风险就比较大了。短线投资者可以立即卖出，在相对的底部再买入以获得更多的盈利。

## 6. 顶部双顶或三重顶卖点

股价上涨中可以在 K 线形态中形成具有反转意义的双顶或者三重顶形态，不仅如此，在 RSI 曲线形态中也可以形成这样的反转形态。RSI 形态中的反转形成以后，形态突破的时候就是投资者买入或者卖出股票的时机。

在图 3-20 华鲁恒升（600426）周线图中，股价上涨形成了双顶的形态，而 RSI 也形成了双顶反转形态。图中 6 日的 RSI 数值顺利向下突破 50 线后，最佳卖点就出现了。6 日的 RSI 下跌到 50 以下说明市场已经进入了空头市场，多头已经无力反攻了。

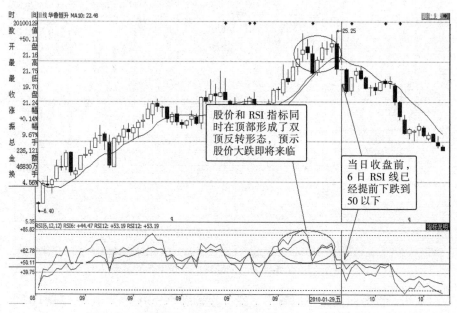

图 3-20　华鲁恒升（600426）周 K 线中的双顶反转形态

# 第四章　破　陷

## 第一节　小幅试盘

### 一、试盘的用意

庄家建仓之前，进行试盘的动作是必不可少的。试盘就是在对某只股票拉升前，调查其持仓状况和拉升阶段的压力。具体如下：

（1）股票的持仓状况中是否有其他庄家参与其中。如果有其他庄家操纵股票，操盘的动作就会很明显地显示出来。因为庄家在资金量和操作手法方面都是散户不能够相比较的。庄家的资金量比较大，买卖股票时成交量会不断地放大，尤其是平均成交量会维持在比较高的水平。如果发现目标股票已经有其他庄家参与其中，新庄家必须决定是抢夺庄家地位、自己操控股价，还是协助、联合老庄家控制股票或者干脆放弃坐庄的动作。

（2）股票的筹码分布情况。庄家在试盘的过程中，股价波动必然引起投资者大量买入或者卖出股票，这时候庄家就可以看清下档支撑力度或者上档抛售压力，从而为今后的建仓计划做好准备。

（3）制定最后的坐庄策略。调查清楚目标股票的持仓状况和阻力支撑大小后，庄家将做出是否坐庄的决定。如果坐庄就要制定相应的策略，并开始准备建仓。

除此之外，庄家在试盘时买入的筹码是比较多的，大量低价买入的筹码可以用于今后打压股价，以便在散户恐慌性卖出股票时建仓买入更多的筹码。

## 二、试盘方式

建仓前庄家试盘是通过短时间内买入大量筹码实现的。试盘的时候，成交量放大、股价大幅上涨，这时候最能体现出下方支撑和上方压力的大小，从而为今后庄家的建仓做好准备。通过试盘动作，庄家还可以借机低价买入不少的筹码，为今后打压股价创造条件。

## 三、散户如何看穿试盘

股价下跌到底部的时候，庄家要想建仓一般都会试盘，弄清楚是否有庄家进驻目标股票，并且借机摸清楚股票的抛售压力或者接盘力度的大小。庄家完成建仓之后的试盘，是检验投资者持股意志的有效方法。在股价拉升的时候，若投资者积极跟风，庄家才能够轻易地拉升股价。

如图 4-1 所示，经过长期的横盘整理之后，新农开发（600359）开始放量上下波动。庄家就是利用这次波动的机会，来试探投资者的持股意志，弄清楚大幅拉升股价之后抛售的压力的大小，为以后的拉升做好准备。从图中可以看出，该股经历了三次的大涨大落，这显然是庄家故意为之。三次试盘之后股价再次下跌时成交量已经萎缩。庄家通过试盘，发现抛售压力非常大，又连续地使股价震荡了两次，结果盘中的抛售压力明显减小了。这样庄家在之后的连续拉升就很顺利地实现了。庄家将股价从 10 元左右/股拉升到了 25 元/股，股价翻了一倍还多。

如图 4-2 所示，江淮汽车（600418）在真正上涨之前，经历了图中所示

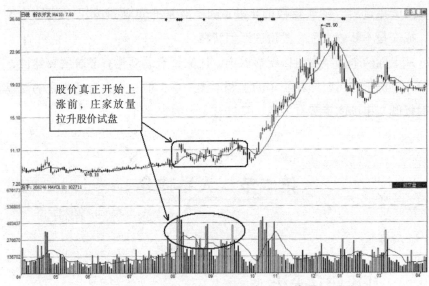

股价真正开始上涨前，庄家放量拉升股价试盘

图 4-1　新农开发（600359）日 K 线图

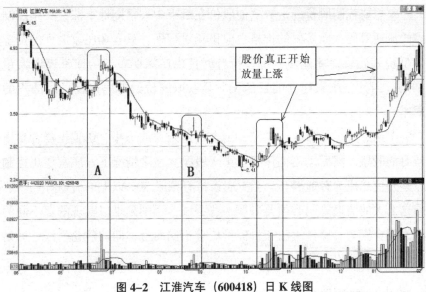

股价真正开始放量上涨

A　　　　B

图 4-2　江淮汽车（600418）日 K 线图

的 A、B 两次试盘动作，而后股价才在庄家的资金推动下不断地创新高。两次试盘的动作中都有不同程度的放量出现，股价短时间内的上涨幅度达到了

20%。试盘过后，随着指数的止跌回升，该股也迅速进入了上涨的趋势当中，成交量不断放大配合股价连续创新高。

从上面两个例子中可以明显看出，庄家试盘的动作有显著的突然性，虽然第二个例子与当时印花税率的下调不无关系，但是主力有意为之的试盘很多时候既与市场的走势有关系，又具有主力的独立性。

# 第二节　大举建仓

## 一、庄家建仓手法

庄家想要控制股价的走势，使股价在后市中大幅度地上涨，必须控制足够多的流通筹码，而筹码的价格也应该相对合理。只有在庄家庞大的资金转化为低价筹码后，才能使股价在拉升时任由庄家摆布，为庄家谋取大量超额利润。因此，庄家建仓的目的无非是获取廉价的筹码以及提高散户的持仓成本。

为了达到建仓的目的，庄家一定会不遗余力地恐吓、诱骗投资者卖出手中持有的股票，然后动用大量资金买入股票。通常情况下，庄家要想控制一只股票并使之成为普通黑马，至少应该持有该股30%以上的流通筹码。想要掌握这么大的流通筹码必须要采取一些手法，否则是难以实现的。不同的庄家因为资金实力、操作手法和目标价位等不同而有不同的建仓手法，但是总体来说可以分为以下几种方式。

### 1. 牛皮市放量建仓

在牛皮市中，股票交投非常低迷，成交量也相对于牛市中要小得多，股价在波动上也经常是横盘整理或者整日阴跌不断。这样的市场中股价波动幅度小，获取利润是非常难的。但是却给庄家创造了建仓的条件：股价相对较低、波动幅度也比较小，易于收集筹码。庄家可以放大成交量，神不知鬼不觉地买入相当多的流通筹码。当然散户在这时候也是非常"配合"庄家的动作。忍受不了股价的长期盘整、阴跌而逐渐丧失持股信心的投资者不断卖出手中的股票，庄家就可以照单全收。

事实上庄家采取牛皮建仓手法，对散户来说应该是一种利好了。卖出股票的投资者没有因为庄家的建仓动作而损失更多的资金，能够看清楚庄家动作的投资者也可以趁机加码买入股票，与庄家同步建仓。这样一来，庄家建仓动作只是导致了股票的换手，各方都没有太大的损失，可谓是皆大欢喜。

但事实上，很多时候庄家都不会采用这种温和的手法建仓，而是采用更加激进的手法，如不断地震荡建仓和打压股价建仓，投资者在庄家这种建仓方式下的亏损就会相应地扩大。

### 2. 做空建仓

做空建仓就是庄家在短时间内大量抛售手中的筹码，使股价短时间内破位下跌，给投资者造成巨大的心理压力，部分投资者担心股价再次下跌而抛售手中的股票，庄家接盘完成建仓操作。

采取做空手法的庄家一般选择在市场人气不足、股价萎靡不振的时候建立。这时候投资者本身就信心不足，加上股价破位下跌就更容易抛售股票。

庄家采取做空建仓手法既是出于建仓成本的考虑，又是考验投资者的持股耐心。通过短时间内抛售大量股票，使投资者来不及反应便恐慌性地抛出手中的股票，庄家就可以坐收渔利，将股票照单全收。下跌当中买入的股票其成本也必然会相对较低，这样对庄家今后操纵股票是很有好处的。而打压股价的同时，持股不见顶的投资者也顺利出局，没有卖出股票的投资者当中，持股意愿比较强且没有获利的不肯出局，或者是套牢严重并对股票再次下跌已感麻木了。这两种投资者获利都不多，持仓时间也会相对比较长，在庄家拉升股价的时候不易引起汹涌的抛盘。

### 3. 做多建仓

做多建仓就是庄家用大量的资金买入股票，在股价快速上涨的同时达到建仓的目的。持有资金比较充裕的大机构一般会采取这种建仓手法，当然资金量比较小的庄家拉升流通盘不大的股票时，也可以采取做多建仓的手法。

采用做多手法建仓的庄家一般都是出于当时市场回暖的考虑。先前未被庄家看好的股票，想要在牛市当中建仓，只好采取做多的手法。当股市从熊市中振作起来转为牛市后，采取牛皮市横盘手法或者是打压建仓手法已经不能够迫使投资者卖出股票，相反还会给散户们买入股票的机会，这样庄家就会错失建仓良机。因此，庄家不得不动用大量的资金拉抬股价，在股价上涨的同时完成建仓操作。做多建仓对于投资者是非常有利的，特别是已经持有股票的投资者，可以继续持有等待庄家拉升，被套牢的投资者也可以顺利解套。投资者可以利用庄家建仓成本高这一特点，长期持仓等待股票上涨。

庄家采取做多手法建仓的股票在后市一定是大牛股。其原因是庄家建仓成本高，如果不是非常看好的股票，庄家是绝不肯不惜成本大量买入的，只要是高成本大量买入了就一定是有很大上涨潜力的个股。

采取做多建仓的股票其走势上一般都会连续放量大涨，并且伴随着很高的换手率。技术上股价突破上方的多条均线，各种指标连续上行，并且短时间出现超买现象，不过经过调整后又回到正常状态。

### 4. 小幅推进建仓

在熊市转变为牛市的时候，缓慢拉升股价的同时，逐渐买入股票完成建仓操作，就是庄家的小幅推进建仓手法。

采取小幅推进建仓手法一般是实力不雄厚的庄家的做法，用少量资金缓慢拉升股价完成建仓，既减小了资金的投入量也不会被其他庄家抢去筹码，可谓一举两得。小幅推进建仓也是出于当时市场看多情绪的考虑，采取牛皮市建仓或者做空建仓已经是不可能了。因为大量资金开始汹涌进入股市当中，出现价格低位的股票必然成为大量资金的众矢之的，打压股价已经不可能完成建仓。

缓慢拉升建仓的股票，走势上都是相对平稳的，极少有大幅度的涨跌变化，短期均线和长期均线的排列错落有致。表现在技术指标上也经常是长期缓慢地爬升，成交量连续放大，换手率保持在 3%以上的活跃状态。

### 5. 震荡建仓

庄家对于看好的股票，迫于所持有筹码稀少而采取一边打压股价一边拉高买入的手法完成建仓，就是震荡建仓。

采取震荡建仓手法的庄家，在股价的相对高位抛售股票，诱使散户看空后市卖出股票。当股价下跌到比较低的位置时，庄家再动用庞大的资金将自己卖出的和散户抛售的股票一起买回来，达到低位进仓的目的。经过庄家长时间的操作股价，散户低卖高买、庄家高抛低吸，这样散户的成本提高了，庄家也达到了低位建仓的目的。庄家有了成本低的优势，在今后拉升股价的时候就可以任意控制股价的走势，完成洗盘、拉高和出货的动作。

庄家震荡建仓的时候也是短线投资者买卖股票的大好时机，股价上下波动中庄家完成建仓，散户也可以高抛低吸，这样多次的买卖会获取丰厚的利润。

震荡建仓的时候，成交量会有很明显的股价上涨时放量、股价下跌时缩量的特点，并且股价波动的范围向下一般不会跌破 60 日均线，向上也不会离均线太远。

## 二、建仓过程图解分析

如图 4-3 所示，生益科技（600183）在 2008 年 11 月 7 日创下了低价 3.62 元/股后，股价小幅向上攀升到 4.84 元/股附近，并且在这个价位维持了两个月的弱势整理状态。如果只是从股价的波动看，并没有庄家大幅度进出的迹象，但是牛皮市当中平均成交量始终保持在高位运行状态，这就值得怀疑了。在没有庄家参与的市场中，总的成交量虽然也能够放大，但是平均成交量是不会轻易放大的。因为多数散户投资者的资金量是不能跟庄家相比的，散户无论如何买卖都只是小打小闹，不足以将均量拉升。识破庄家在牛皮市中完成的建仓过程，也就不难理解为何从 2009 年 1 月 23 日开始，股价会连续三次大幅度拉升了。

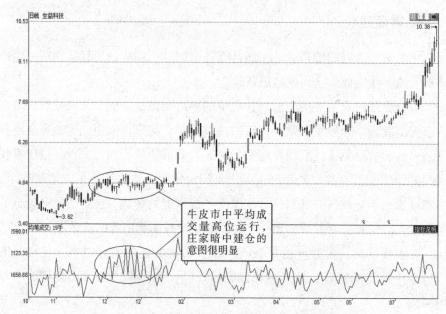

**图 4-3　生益科技（600183）牛皮市中不断放量建仓**

如图 4-4 所示，大商股份（600694）在 2009 年 1 月前经过一段时间的拉升，股价涨到 18 元左右/股的价位。但是就在时隔不久的 1 月 8 日，股价以跌停价报收，而第二天股价同样低开低走，不久就下跌到跌停价位，收盘的时候股价略微被拉高一些，但当天股价的跌幅还是达到 7.24%，成交量放大了 10 倍之多。仅仅从这里看，可能有些投资者会认为庄家强行砸股价出货，但是从分时图中的量价关系却得出不一样的结论。

在图 4-5 分时图中，大商股份（600694）在下跌到跌停价位时，成交量很明显地放大，之后股价略微上涨，一直到收盘时成交量都处于萎缩状态。跌停时放出巨量显示在日线当中，本身就是庄家制造的烟幕弹。事实上庄家是在假砸盘，真建仓。日 K 线图中股价下跌后的连续上行证明了庄家确实在

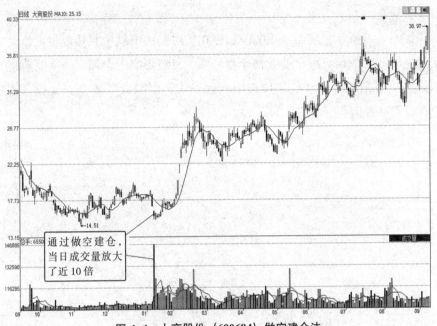

图 4-4　大商股份（600694）做空建仓法

大商股份 600694

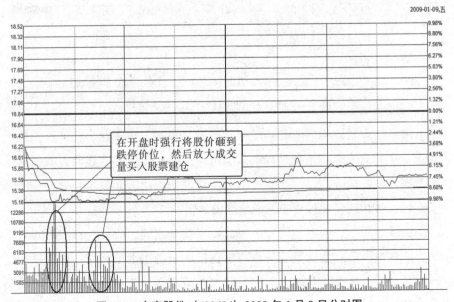

图 4-5　大商股份（600694）2009 年 1 月 9 日分时图

砸股价建仓。

如图 4-6 所示，宝石 A（000413）在长时间的下跌中突然放量上涨，成交量连续放大数倍，股价连续四个涨停板，K 线形态上全部是光头光脚的大阳线。庄家采取了连续放量拉长阳线的手法，既完成了建仓，又拉升了股价，可谓一举两得。

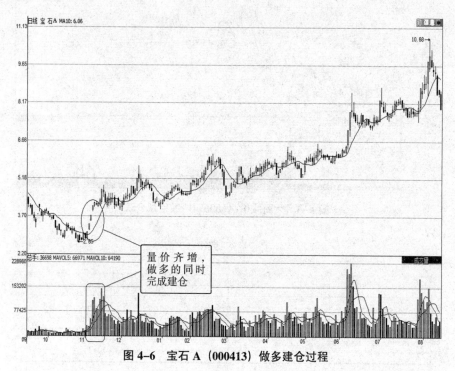

量价齐增，做多的同时完成建仓

图 4-6　宝石 A（000413）做多建仓过程

从图 4-7 神马股份（600810）的 K 线图中显示出庄家在小幅推进股价上升的过程中完成建仓。建仓过程中，股价的重心缓慢地向上移动，成交量虽然不是很大，但是一直保持在放量状态。这说明股票的交投非常活跃，庄家就是在这种活跃的成交过程中完成建仓的。

如图 4-8 所示，上海金陵（600621）在拉升之前，股价在一段时间内不断地上下放量震荡。成交量维持在高位运行，股价也上下波动，说明庄家已经开始活动了。就在建仓后不久，股票即缩量下跌，在下跌到底部的时候又有一次放量的过程。在这两次的放量中庄家完成了大部分的建仓，后市中股

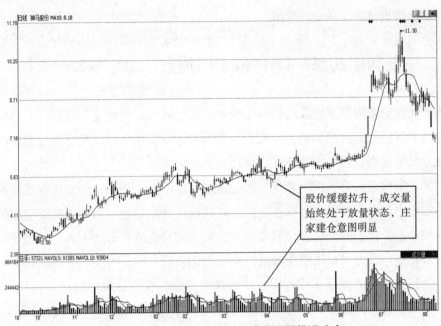

图4-7 神马股份（600810）庄家小幅推进建仓

图4-8 上海金陵（600621）放量震荡建仓

价的涨幅也达到了翻倍的效果。

## 三、与庄共舞，和庄家同步建仓

在投资者辨识出庄家的建仓手段后，与庄家同步建仓就可以在拉升当中获得非常好的溢价股票收益。投资者建仓时，可以选择在庄家建仓过程中的股价低位建仓，还可以选择在庄家建仓完毕后再开始买入股票。当然对于不同的庄家建仓策略，投资者建仓的手法也可以不同。例如，如果庄家选择在牛皮市中建仓，投资者可以在任意一时间段内完成建仓。因为牛皮市中股价的波动是非常小的，选择何时建仓对投资者的持仓成本影响不大。如果庄家采取做空建仓方式，则投资者最好在股价创新低时就开始买入股票，这样可以降低成本。若庄家采取小幅推进的建仓手法，投资者最好提前买入股票，因为随着股价的上涨，建仓时间越晚，持仓成本越高。

## 第三节　抬高股价

## 一、股价拉升方式

庄家经过试盘后决定建仓，经过长时间的建仓后就是将股价拉升到位。只有建仓后抬高股价，庄家才可以取得股票的价差收入、才能够获利。抬高股价前要选择好时机并且制定拉升的基本策略，这是先决条件。时间选择上一般都要在大盘向好的时候拉升股价，这样做的好处就是可以减轻股票抛售的压力，减小股票拉升的成本。在拉升策略上，根据庄家实力不同、偏好不同、市场整体运行状况不同可以有不同的拉升方式。实力强的庄家经常采取快速拉升的手法，短时间内将股价拉到目标价位。实力更强的庄家如果控制了相当多的筹码，可以锁仓使用连续拉涨停的手法把股价拉到目标价位。实力偏弱的庄家可能会采取慢牛拉升法或者是阶段性拉升法，与市场同步上涨，将股价缓慢拉升到目标价位。具体说来，不同的拉升方式有如下不同的特点：

## 1. 慢牛拉升法

采用慢牛拉升法的股票在走势上相当稳定，上涨和下跌的幅度都很小，但是总体的趋势是向上的。庄家之所以采用这种拉升手法，一是要掩人耳目，避免因操控的股票涨幅过猛而吸引其他庄家介入。二是慢牛的方式拉升股票不容易遭到抛售强大压力的打击，因为上涨缓慢的股票，只要不是提前建仓介入，都不会在短时间获得比较大的收益，也就不容易形成抛售盘。慢牛拉升的股票不像短时间内拉升到位的股票，其走势上经常给人以弱势上涨的感觉。而事实上慢牛拉升的股票最终都可以形成圆弧底部，上涨的速度很明显地逐渐加快，涨幅也逐渐增大，直到上涨到高不见顶的程度才告一段落，继而转为调整走势。

从技术上看，慢牛拉升的股票均线排列非常有序，由上到下依次是短期均线到长期均线的变化。像 MACD 指标中的 DIF 和 DEA 曲线缓慢向上移动，还经常在股价小幅调整时形成近似死叉的两线交叉形态。但是短时间内又恢复到缓慢向上移动的趋势当中。而且 MACD 指标虽然不断地向上移动，可从未有过超买的情况发生。除了 MACD 指标外其他指标（如 KDJ 指标、RSI 指标）也有如上的特征：小幅度不断上升，途中不断回调，长期趋势却是不断向上。

## 2. 阶段性拉升法

阶段性拉升法是庄家采取波动拉升的方式，将股价由一个台阶拉到另外一个台阶。由于其股价频繁地上下波动，因此短时间内股价很难有很大的涨幅。采取这种阶段性拉升手法，其庄家经常是资金缺乏或者筹码不足的弱庄。如果采取大幅度短时间内拉升的方式，就造成抛盘无法应对的局面，这绝对是庄家不忍看到的。当然采取这种阶段性拉升手法，庄家自己也可以低位买入、高价卖出，从而获取差价收益，这样股价不必有十分可观的涨幅就可以让庄家赚翻天。

对于性情急躁的投资者来说，庄家采取这种拉升手法正好可以达到震仓洗盘和拉升股价的双重效果。庄家不断地拉升和打压股价，使得投资者总是在顶部追涨买入而在底部杀跌卖出，这样多次高买低卖就造成相当大的亏损。投资者也就失去了持股的耐心，逐渐卖出了股票。其实短线投资者如果能够提前察觉到庄家的拉升手法，大可以高抛低吸，波段操作以获取收益。另外，庄家通过波段操作还可以借机买入散户恐慌性抛售的低成本股票，为今后的进一步拉升做好准备。

判断庄家是否采取这种阶段性的拉升手法，可以通过分析股价波动的范围和股价的长期趋势得出结论。阶段性的拉升不管如何波动，股价的低点是不断地抬高，而高点会不断地创新高。长期向上的趋势是庄家采取这种手法的最终目的，庄家要想获利就不能让股价停留在原来的位置不动。

### 3. 逼空拉升法

在市场趋势向好的时候，庄家采取与市场运行方向一致的操作手法，不断地抬高股价。

等到股价真正拉升时，用大量高价买单将股价推近涨停的价位。对于市场中抛售的股票，庄家用高价全部买回，股价随之大幅度上涨。连续上涨后投资者买入的成本越来越高，而庄家的成本却相对很低，其通过狂拉股价获利丰厚。逼空手法操作的股票，走势上经常表现为连续大阳线的上涨或者是连续拉涨停的方式上涨。

## 二、拉升过程图解分析

如图 4-9 所示，冠城大通（600067）庄家采取了慢牛拉升的手法，缓慢地把股价拉升到目标价位。拉升后的股价形成了一个圆弧底的反转形态，股价最终涨幅惊人。拉升过程中股价始终维持小幅震荡上行的走势，价格和均线以相同的速度上行。MACD 指标中的 DIF 和 DEA 曲线微幅震动上行。股价最终涨幅高达 470%。

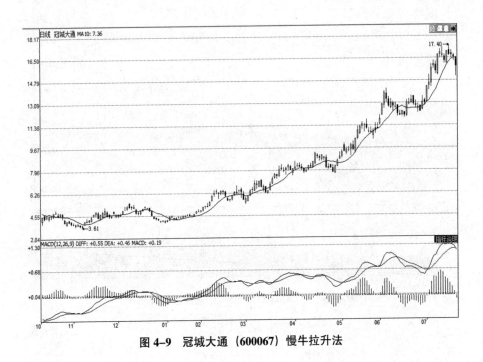

**图 4-9　冠城大通（600067）慢牛拉升法**

如图 4-10 所示，金马集团（000602）庄家拉升股价的过程可谓一波三折。每次股价上涨到一个台阶时，股价总是要向下回调一些，然后再继续向上拉升。久而久之股价的走势形成了好多个拉升的小阶段，这样波动的向上拉升手法是庄家刻意为之的。这样拉升的好处就是在不断地抬高散户持仓成本的同时，还可以借机完成洗盘。大资金见到这种拉升手法知道有庄家深入其中，也不会轻易介入抢夺筹码。

如图 4-11 所示，天业股份（600807）从 2009 年 7 月份开始，庄家采取逼空的拉升手法不断地抬高股价。拉升的初期股价涨幅并不大，但是经过不断的逼空操作，上涨速度越来越快，涨幅也越来越大。最终股价以连续七个涨停板的上涨方式逼空，短短一星期的涨幅就达到了翻倍的效果。从图中可以看出，上涨初期成交量始终维持在高位，说明投资者踊跃地追涨，庄家也将计就计，不断把股价拉升。

图 4-10 金马集团（000602）阶段性拉升手法

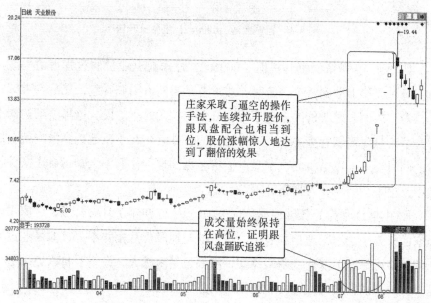

庄家采取了逼空的操作手法，连续拉升股价，跟风盘配合也相当到位，股价涨幅惊人地达到了翻倍的效果

成交量始终保持在高位，证明跟风盘踊跃追涨

图 4-11 天业股份（600807）逼空拉升手法

## 三、坚决持有，扩大收益

庄家在拉升股价的时候可能会采取多种操作手法，但是不管是哪一种操作手法，股价都是长期上涨的。投资者只要认识到这一点，大方向上可以长期持有，短线可以做波动操作。尤其庄家采取阶段性拉升的股票，投资者都可以不断地高抛低吸，赚取差价利润。这期间要注意控制风险。

# 第四节　洗盘与下跌

## 一、庄家洗盘手法解密

庄家如何要费力洗盘呢？这其中有很多不可告人的秘密。

第一，通过洗盘可以降低庄家的持仓成本。尤其当庄家采取打压的手法洗盘时，股价下跌的时候正是庄家再次建仓的好机会。投资者恐慌性不计后果地抛售股票给庄家建仓创造了绝好的条件。

第二，通过洗盘可以提高一部分投资者的持仓成本。提高投资者的持仓成本是庄家很直接的目的之一。持仓成本高，股价上涨幅度有限时就不容易引起投资者抛售股票。因为通常投资者心里是有目标价位或者盈利目标的，离目标太远就不足以令投资者抛售股票。这些投资者也经常是庄家拉升出货的"抬轿子人"。

第三，通过洗盘可以调整庄家的资金结构和持仓状况。通过洗盘可以将庄家的资金腾出一部分用于拉升股价，或者在所操控的不同股票之间变换持仓比例，选择性地拉升股价。提前拉升那些洗盘完毕的股票，搁置那些未洗盘的股票并任其随市场运动。

第四，通过洗盘可以活跃股性。股票只有上涨才能吸引买盘的注意，只有下跌才能引诱散户抛售股票。庄家通过适时地拉高和打压股价，引起市场关注。拉升股价时就可以顺利得到跟风盘的推动而使股价自然上涨，间接节省了庄家拉升股票的资金成本。

那么，为了达到以上的这些目的，庄家应该如何操作呢？庄家洗盘时的手法一般有横盘洗盘、强砸股价洗盘和震仓洗盘三种。

第一，横盘洗盘。横盘洗盘经常发生在牛市当中，庄家通过长时间控制股价的涨幅而逐渐消磨投资者的意志，使得投资者耐不住长时间滞涨的折磨而卖出股票。采取这种洗盘手法的庄家其控盘能力是比较强的，可以使股价不受大盘的影响而独立走出横盘整理的行情。若市场中多数股票开始上涨，滞涨的股票就很容易遭受短线投资者的抛售。

第二，强砸股价洗盘。如果说横盘滞涨的洗盘手法还算温和，强砸股价的洗盘手法就比较粗暴了。短时间大幅度的股价下跌是多数投资者卖出股票的原因。最有效的方式是庄家通过大量的低价卖出委托单，将股价在一天中砸在大盘跌停板上，砸盘之后的第二天又高开高走地把股价拉起来。

第三，震仓洗盘。庄家通过不断地拉升和打压股价达到震仓洗盘的目的。震仓洗盘也能考验投资者的持仓意志。一两次的震仓可能不算什么，数次之后很多投资者要么获利了结头寸、要么亏损出局，剩下的多数就是持股坚决的投资者。这些投资者可以在比较长的时间里持股支撑股价上涨。

## 二、洗盘过程图解分析

如图 4-12 所示，莲花味精（600186）在庄家不断的推升中，股价涨幅惊人。但是股价在 4.21 元/股附近开始滞涨了，随后股价在 3.5 元/股到 4 元/股的价格区域当中横盘整理，时间长达两个月之久。之后股价突破整理的价格区域快速上涨，由 4.2 元/股上涨到 7.25 元/股，最终涨幅高达 73%。

如图 4-13 所示，大杨创世（600233）在拉升之前，庄家采取了强砸股价的方式进行洗盘，然后将股价拉升至目标价位。在庄家强砸股价时，股价

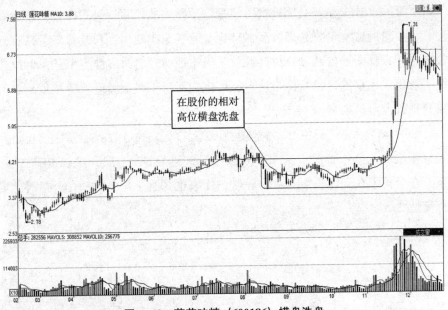

图 4-12　莲花味精（600186）横盘洗盘

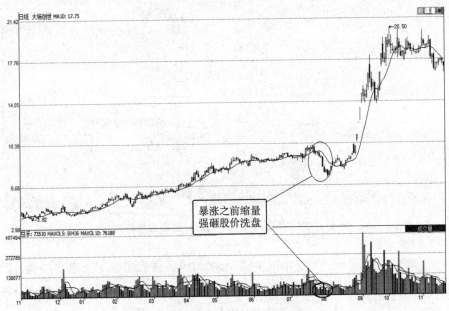

图 4-13　大杨创世（600233）强砸股价洗盘

下跌了 25%，成交量却是缩减的。从缩量下跌中我们可以确定庄家并不是在出货，少量的成交量只是部分恐慌性抛售和庄家砸盘时抛售的股票。庄家还没有出货，证明股价还没有拉升到位，后市股价还有进一步上涨的空间。投资者辨识出庄家的这种操作手法后，可以在股价下跌后补仓，等待股价拉升到目标价位后再出货。

如图 4-14 所示，对于华海药业（600521），庄家在拉升股价之前也进行了强砸股价的操作。股价从 15.50 元/股下跌到 11.97 元/股，跌幅也有 23%。但就在股价下跌到低价 11.97 元/股时，庄家也开始了拉升的动作，最终拉升幅度达 275%之多。

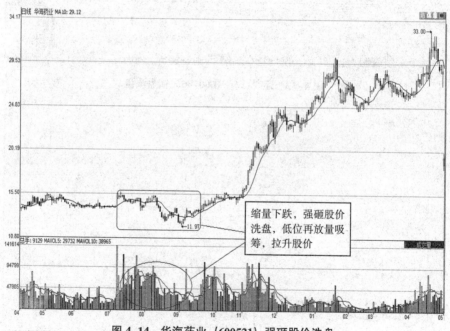

图 4-14　华海药业（600521）强砸股价洗盘

如图 4-15 所示，对于中国卫星（600118），庄家采取了先震仓洗盘、后拉升股价的手法实现操盘获利。在震仓洗盘过程中，庄家三次拉升股价至23.00 元/股附近，而又三次将股价砸到 18.00 元/股附近。经过这三次放量震仓洗盘，庄家再一次达到了低位建仓和震出不坚定投资者的目的。震仓之后持仓的投资者持股信心有所提高，股性也一改原来横盘不动的弱势整理状态，由 18.00 元/股附近上涨到 41.20 元/股，涨幅高达 230%。

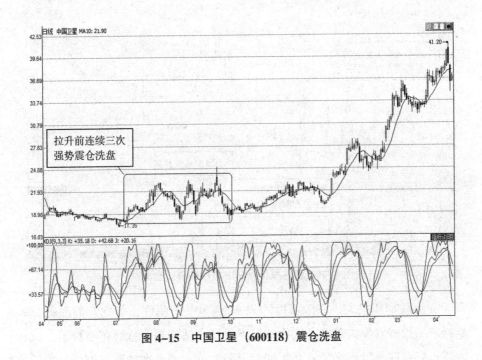

拉升前连续三次
强势震仓洗盘

图 4-15　中国卫星（600118）震仓洗盘

如图 4-16 所示，精达股份（600577）在股价被拉升之前，庄家采取了菱形的震仓手法。连续拉升和强砸股价，使股价在 6.15 元/股上下波动时间长达 4 个月之久，最后又回到 6.15 元/股附近。从图中可以清楚地看到震仓过程中的缩量下跌和增量上涨的量价关系。缩量正是体现了庄家震仓这一洗盘手法，而放量上涨表现出庄家投入可观的资金来拉升股价。当投资者认真研究并识破庄家的洗盘手法后，在菱形形成时，就可以建仓等待股价上涨了。

## 三、洗盘中补仓扩大收益

不管庄家采取哪一种洗盘手法，目的都是将意志不坚决的投资者震出股市，以便在以后的拉升当中取得更佳的效果。震仓的过程虽然不会太长，但

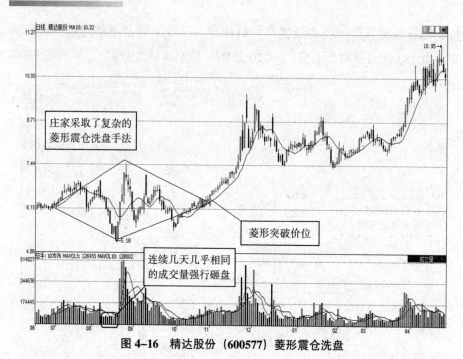

图 4-16　精达股份（600577）菱形震仓洗盘

有时股价跌幅却很大，一般可以达到 20%~30% 的幅度，如此大的跌幅必将令持股的投资者损失不小，这种情况下投资者适当减仓就势在必行了。减仓之后可以在股价见底之后补仓买回卖出的筹码，或者在底部多加仓以摊低持仓成本，这样在今后股价拉升中就可以获得更好的投资收益，取得与庄家同步建仓获利的效果。具体的补仓价位可以在股价下跌到 20% 的幅度之时，低位补回仓位适合庄家采取强砸股价洗盘和震仓洗盘的时候使用。而当庄家采取横盘洗盘方式时，投资者最需要的就是持股耐心，坚持持股并且适当增加仓位，庄家拉升时等待股价到达目标价位，这样做可以获得更好的收益。

# 第五节　拉高出货

## 一、拉高方式

经过长时间的资金运作，庄家最终完成了从试盘、建仓到拉升、洗盘这几个过程。最终兑现利润是在出货阶段，这时候也最能暴露庄家追逐利润的本质，投资者也最容易在这个阶段上当受骗。分析庄家出货的手法，无外乎有四种方式：边拉升边出货、狂拉长阳线出货、巨量下跌出货、分时图中出货。这几种出货手法的特点如下：

（1）边拉升边出货：庄家采取了拉升当中穿插出货的手法，股价虽然还是向上运行的趋势，但是已经偏离了原来的运行轨迹。通过观察成交量的变化就可以察觉出货的迹象。资金庞大的庄家不管以何种方式出货，放大成交量一定是必不可少的。在边拉升边出货时，庄家会时常放大成交量和换手率。经过长时间的运作，庄家在不知不觉中顺利出货，散户切不可错误地认为庄家还在市场中操纵股价。

（2）狂拉长阳线出货：采取拉长阳线的手法是吸引散户接盘的绝好出货策略，市场中总是不乏追涨杀跌的投资者，其一旦进入庄家拉涨停的陷阱中，就会损失惨重。其实不少投资者都知道涨停板里边蕴藏着巨大的回调风险，但是还是有很多的投资者要涉入其中，归根到底是贪婪之心在作祟。庄家也正是巧妙利用了投资者的这一心理成功地完成出货。

（3）巨量下跌出货：如果说拉升出货方式还算旁敲侧击的话，那么巨量下跌出货就是直接进入主题了。庄家在很短的时间将股票以很低的价格出手，放量完成出货动作。虽然股价下跌中庄家也会有一部分损失，但是相比先前的盈利来说，这些损失并不算大。采取放量下跌出货的庄家一定是因为获利丰厚或者深度看空后市，才会采取这一出货手法。深度看空后市的庄家担心在市场步入熊市后没机会出逃而提前强行出货，不管散户是否接盘，庄家出货的策略不会改变。庄家采取巨量下跌出货的方式使其获利减小，而投资者如果接盘则其损失会很惨重。可以说巨量下跌出货是两败俱伤的操作手法。

(4) 分时图中出货：分时图中庄家出货手法不外乎拉升出货和巨量下跌出货两种方式。不论庄家采取何种出货手法，在分时图中都可以看得一清二楚。分时图中的放量和缩量可以很清楚地反映出庄家的真正动向。

## 二、出货过程图解分析

如图 4-17 所示，国元证券 (000723) 在拉升过程中，创下最高价 27.68元/股后股价即开始下跌，但是并没有看出庄家有明显出货的迹象。就在2009 年 11 月 13 日，股价反弹到相对高位，庄家突然放出巨量打压股价，单日跌幅高达 8.58%，成交量放大 12 倍。就在这次出货后不久，2010 年 1 月

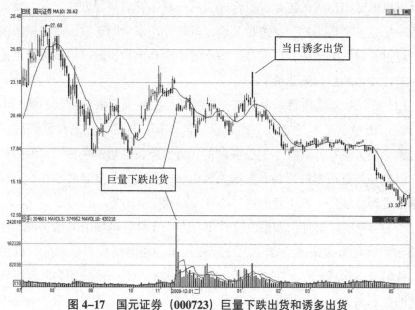

图 4-17　国元证券 (000723) 巨量下跌出货和诱多出货

11 日庄家再次诱多出货，当日最高涨幅达到 9.6%，但是收盘时仅仅上涨
0.14%，成交量再次被放大。两次出货的结果是股价一蹶不振，连续下跌，
到 2010 年 5 月 16 日股价跌幅达到 43%。

　　如图 4-18 所示，沙河股份（000014）在 2009 年 11 月 26 日收盘时股价
上涨 10.03%，成交量放大了 4 倍，换手率高达 14.06%。而第二天股价低开
低走，收盘时放量下跌了 9.13%。这两天内的一涨一跌，追涨的投资者没捞
到一点好处，而庄家却顺利完成了出货。很明显，这是庄家在拉升股票的同
时进行出货，投资者追涨的后果就是被套牢。

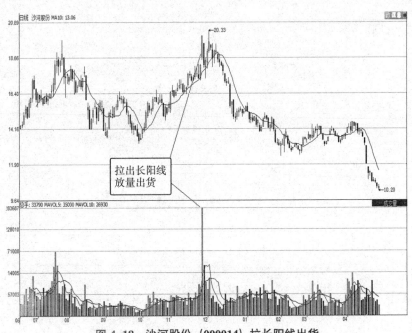

图 4-18　沙河股份（000014）拉长阳线出货

# 第五章　严明军纪

## 第一节　入场前设立止损位

### 一、鳄鱼法则

鳄鱼法则原意指的是假如一只鳄鱼咬住了你的一只脚，而你想用手摆脱鳄鱼对脚的束缚，鳄鱼就会同时咬住你的脚和手。你越是努力摆脱困境，被咬住的地方便会越多。因此，只要鳄鱼咬住了你的脚，唯一摆脱鳄鱼的方法就是断掉一只脚，只有这样才能够保全自己的生命。

在股市中，鳄鱼法则就是说当你的交易方向与市场背道而驰时，为了保证资金安全必须立刻止损出局，不要抱有侥幸心理。投资者在面对亏损的时候，给自己找借口获得心理上的安慰或是调整仓位都无济于事，唯一有效的办法就是快刀斩乱麻——止损。因此，市场中耽误的每一分每一秒都可能再次扩大损失，试图无谓的挣扎只会让投资者陷入不能自拔的境地。

## 二、什么是止损

止损是指投资者购买的股票出现亏损后，在亏损数额超过能够承受的范围时及时平仓，以避免更大的损失。止损的最终目的是将损失控制在比较合理的范围之内，保护投资者资金安全的被动方式就是用止损限制亏损数额，将损失减小到最低水平。而在盈利的时候，将盈利幅度尽可能放大到高水平。

短线投资者频繁地进出股市，亏损的现象也就很常见了。如果能够有效利用止损这最后一步棋，就可以减少不必要的损失。多数投资者都清楚的一个事实是：减少损失、放大收益，才可以在股票市场中生存下来。可以说，做好止损就是在无形中增加投资收益，止损的一小步就是获得收益的一大步。

股市中的止损并不局限于止损本身，而是涉及止损计划的制订、止损方式的实施、止损理念的应用等多个方面的内容。投资者要想在股市中获得稳定的收益，必不可少地要把止损理念铭记于心。

## 三、止损的意义

市场的不可完全预测和市场的波动性，是股票市场的魅力所在，当然也是市场存在至今的基础之一。因为具有这样的市场属性，股票交易中存在着巨大风险也就不难理解了。不管如何有效的分析手段，都会出现或大或小的差错。分析上的差错必然以资金的亏损为代价。要想在市场中生存下来，减小损失、保住本金就势在必行了。

止损在亏损中产生，是限制投资者利润缩水的有力保证。投资者只有做好了止损，才可能抓住市场中的投资机会。失去的利润还可以再赚回来，如果连最初投入的本金也损失了，投资者就失去了在市场中投资的机会。因此，投资者在市场中能够赚钱、赚多少钱永远是第二位的事情，保住本金、保住已经获得的利润才是第一位的事情。股市中没有不断盈利的法宝，但是却有减小损失的法宝，这就是止损。

由于资金量的限制，主力是不可能止损的，倘若主力止损卖出大量筹码，市场中必然会因为接盘者稀少而导致股价连续跌停，这可不是主力想要的结果。主力如果买错了股票，处理错误的方法只能是用部分资金不断地拉高股价，诱使投资者买入股票然后高位出货。经过长时间的拉抬和打压股价，主力就可以顺利将筹码高价转移到散户手中，达到高位出货的目的。

散户投资者跟主力相比是有很大的不同，最大的不同就是资金上的差距。资金量比较小的散户即使买错股票，也可以立刻止损出局，而不必担心自己的抛盘对市场产生过大的影响，也不存在抛售后没有人接盘的现象。当然，即使散户想做波段也是被动的，因为资金量小的散户不可能对股价涨跌起到决定性作用。散户只能适应市场的变化，而市场不可能适应散户的变化。换言之，散户只能适应主力的拉升和打压动作，而不可能改变这些动作。

由此看来，投资者珍视本金、保住利润是非常重要的。

## 第二节　严明军纪

在止损的实际操作中必须要严明军纪，必要时刻要坚决止损。那么如何止损，也就是说止损有哪些具体的方法呢？

## 一、固定止损

固定止损法是投资者在买入股票之前就做好准备，设置好自己所能够承受的最大亏损百分比或者亏损数量从而限制自己的损失。设置亏损比例和数量要根据自己所能承受的亏损大小再结合交易方法灵活操作。亏损比例和绝对数量要大小适中，太小的止损点很容易在股价波动时止损出局，从而出现频繁止损现象；而较大的止损点又不宜限制亏损数量，过大的损失很难在短时间内弥补过来。止损点的设置应该结合个股的走势状况和阻力支撑情况综合考虑。一般最大止损比例不应超过总资金的 10%，这样才能保证资金的安全。

如图 5-1 所示，济南钢铁（600022）日 K 线图中，某一投资者在 2009年 6 月 2 日以成本价 4 元/股买入济南钢铁 10 手，考虑到该股的绝对价格只有 4 元/股，预先设置的下跌止损百分比是 10%，即股价跌幅达到 10%时，就平仓出局。投资者买入该股后，股价一路震荡上涨。中途累计跌幅从未超过 5%，因此投资者继续持股。2009 年 8 月 4 日股价短时间内上涨过大，收盘时形成十字星。股价在第二天中下跌幅度达到 4.09%。这时候投资者判断股价的运行方向已经发生反转，考虑到 8 月 4 日股票的收盘价格为 7.82 元/股，投资者准备在股价由 7.82 元/股下跌 10%到 7.04 元/股的时候止损出局。投资者通过"限价指令"在 8 月 6 日以 7.04 元/股的价格卖出手中持有的 10手股票。但是 8 月 6 日的股票最低价格只到达 7.05 元，所以投资者的限价卖出委托没有成交。这样投资者在 8 月 7 日再次使用限价指令以 7.04 元/股卖出股票 10 手，当日股价下跌到 6.90 元/股，投资者完成止损。由于投资者按

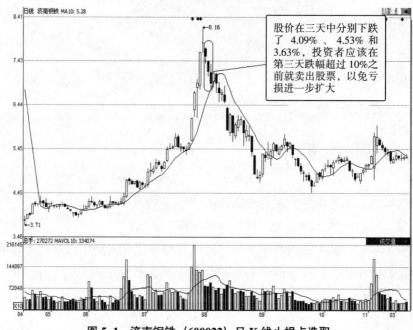

图 5-1　济南钢铁（600022）日 K 线止损点选取

照自己的设定的固定止损百分比进行有效止损，使得最终的资金总额上涨到原来的172.9%。

事实上，在上述的这个例子当中投资者应该尽可能地在8月6日股价达到最低价位7.05元/股的时候，当日就完成止损的操作。因为大幅度上涨之后，股价下跌的速度很可能非常快，如果股价在第二天以低开低走的方式下跌，那么投资者的止损价位必然大幅度地超过预先设置的10%的水平。预先设置的止损百分比也就形同虚设，起不到任何的止损作用。

从图5-2济南钢铁（600022）8月6日的分时图中可以看出，股价创下7.05元/股的最低价位之后，并没有大幅度地上涨，而是在低位整理。在收盘前一个小时之内，股价一直运行在7.23元/股附近的区域，临近收盘时到达7.16元/股附近。如果股价在第二天小幅跳空低开1.56%以上，并且股价低开低走，投资者的损失就会轻而易举地扩大到10%以上。如在8月6日收盘前用"市价指令"了结头寸，就会避免损失扩大。

济南钢铁 600022

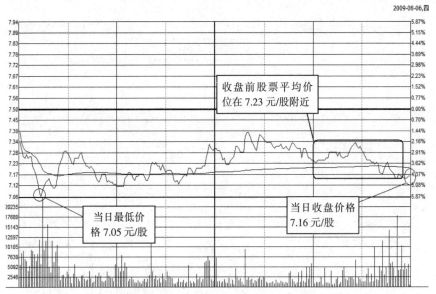

图5-2 济南钢铁（600022）2009年8月6日分时图

## 二、均线止损

移动平均线可以反映股价的平均价格走势情况，通过分析移动平均线的变化，可以找出压力点和支撑点所在的位置。投资者可以参考移动平均线的位置和形态进行止损操作。对于短线投资者来说，选择长度合适的均线非常重要。一般的短线投资者选取 5 日、10 日、20 日和 30 日均线作为选取止损点的依据是比较合适的。时间周期长的均线对于价格的反应相对迟缓，也无助于选取合适的止损价位，不适合用于短线投资者的止损。另外，选择加权移动平均线的效果会比一般平均线好一些，经过加权的移动平均线可以过滤掉一些不必要的短时间影线，得到令人满意的效果。

如图 5-3 所示，芜湖港（600575）在沿着均线稳定上涨的时候，某投资者在 2009 年 5 月 11 日以 6 元/股的价格买入芜湖港 20 手。预定的止损点设置在股价有效突破 10 日均线后，平仓出局。投资者买入股票后，股价沿着

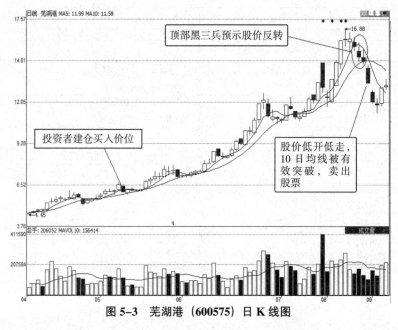

图 5-3　芜湖港（600575）日 K 线图

均线稳定上涨，虽然偶尔跌破 5 日均线，但是一直未能有效突破 10 日均线，投资者一直持股到股价上涨到 15 元/股附近的价位。股价在 2009 年 8 月 24 日创新高 16.22 元/股后，开始缓慢下跌。由图可见，股价在高位出现了黑三兵形态，黑三兵的第三根 K 线形成后，股价恰好落在了 10 日均线上边。黑三兵出现的第二天股价在开盘时就低开低走，并且在收盘时以跌停的方式跌破 10 日均线。这样显然投资者应该在黑三兵中的第三根阴线形成的当天或者是第二天开盘就抛售股票，否则亏损将会扩大许多。

如图 5-4 所示，芜湖港（600575）8 月 28 日的分时图中，该股的开盘价格是 14.98 元/股。当日股价大幅度震荡，在收盘前半小时股价还在 14.98 元/股附近震荡，但是收盘前 15 分钟内股价走出了连续下跌的趋势。这时候虽然没有收盘，但是可以判断当天的收盘价格基本上可以确认在 14.98 元/股以下，这样的收盘价格在日 K 线上一定形成小阴线。结合前两天的阴线来看，投资者可以基本判断出黑三兵形态将会形成。黑三兵形态也预示股价在第二天将跌破 10 日均线。既然投资者是按照 10 日均线被跌破后才进行止

芜湖港 600575

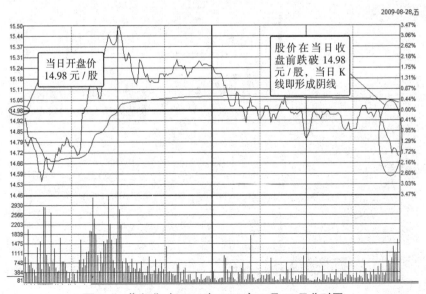

图 5-4 芜湖港（600575）2009 年 8 月 28 日分时图

损，倒不如在预计跌破 10 日均线前就止损出局，以减小损失。因此，投资者应该卖出股票的时间是分时图中收盘前 15 分钟内，这时候可以使用市价委托指令卖出股票。

# 三、单根 K 线反转形态止损

通过观察单根 K 线形态、变化幅度以及 K 线对应时间段内的成交量变化，可以辨认出股价的相对底部和顶部，为短线投资者设置止损价位提供有力的参考。常见的反映股价反转的 K 线形态有十字星、上吊线、放量大阴线。

如图 5-5 所示，平高电气（600312）在上涨过程中，某一天形成了放量下跌的超大阴线，股价在当天下跌了 6.72%。大阴线将前一天的小阳线全部吞没，而且几乎要吞没了两根 K 线。投资者看到这种顶部放量大阴线的 K 线形态时，务必尽快将股票全部抛售，以免股价破位下跌时来不及平仓从而造成更大的亏损。

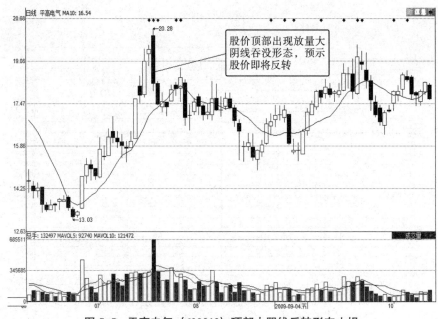

图 5-5 平高电气（600312）顶部大阴线反转形态止损

从图 5-6 平高电气（600312）7 月 20 日分时图可以看出，当天股价高开低走，开盘一小时内股价跌幅已经达到了 5% 以上。当日股价弱势整理，临近收盘前的一小时内股价跌幅仍然达到 7%。从当天的走势投资者可以提前预计到股价当日 K 线将形成大阴线。大阴线势必吞没前一根小阳线，并且穿过另外一根大阳线实体的绝大部分。如此明显的下跌 K 线形态，投资者尽早了结头寸才好。

平高电气 600312

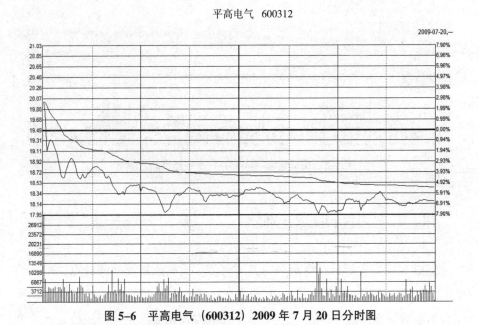

图 5-6 平高电气（600312）2009 年 7 月 20 日分时图

从图 5-7 鲁商置业（600223）日 K 线图中可以看出，投资者持有股票过程中，股价涨幅已经很大，在 2009 年 12 月 7 日股价形成大阳线形态，然后接连两天又是大阳线。这样的顶部三连阳形态预示着股价即将见顶，投资者应该减仓为好。三连阳线后，单日 K 线形态上又形成了小阴线的十字星线。顶部出现十字星后，投资者要做的就是尽快将持有的股票全部卖出，否则只能使本来盈利的头寸变为亏损。

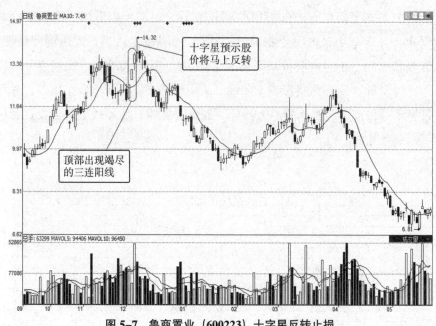

日线 鲁商置业 MA10: 7.45

十字星预示股
价将马上反转

— 14.32

顶部出现竭尽
的三连阳线

总手: 63299 MAVOL5: 94406 MAVOL10: 96450

成交量

图 5-7 鲁商置业（600223）十字星反转止损

# 四、K 线组合形态止损

多根 K 线变化形成组合形态时，就具备了反映股价反转的特点。常见的 K 线组合形态有穿头破脚形态、上升的红三兵、下跌的黑三兵等。利用 K 线组合形态确认止损点位时，还应该结合其他方式提前预见止损的位置。因为 K 线组合形态一般形成的时间比较长，实际应用时止损信号会有一定的延迟，不利于投资者选择最佳止损价位进行止损。所以有时在 K 线组合反转形态形成之后再进行止损可能会造成投资者亏损过大的现象出现。

如图 5-8 所示，长江通信（600345）在 2010 年 4 月 13 日开始连续出现下跌的小阴线，即所谓的"黑三兵"形态。因为这时股价已经是在高位运行了，加上黑三兵形态，股价反转的意味很大。持股投资者应该至少卖出大部分股票，而把希望寄托在股价反弹上是不现实的。从图中也可以很清楚地看到，黑三兵过后几乎立即进入到下跌趋势当中。股价在中途反转的时间很短暂，反转的幅度也非常小。图中止损的最佳位置就是出现黑三兵的第二天，第三天时股价已经在此基础上向下大幅度下跌了。

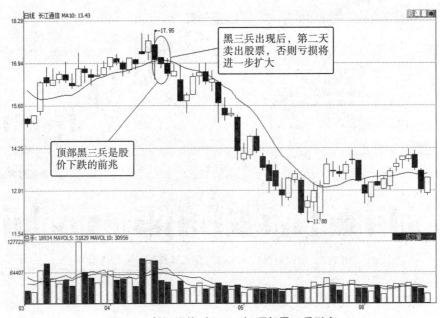

图 5-8　长江通信（600345）顶部黑三兵形态

不论什么形态的止损点，只要在收盘前半小时内投资者确认了当日股价的 K 线形态，就可以提前将股票卖出止损，而不必等到当天 K 线形态完全形成之后再卖出股票。若 K 线形态完全形成再卖出股票，其价位往往就会更低一些，投资者的损失也会扩大。

如图 5-9 所示，申能股份（600642）下跌途中，在反弹的顶部出现穿头破脚形态。短线投资者在买入股票后见到这种形态就应该考虑止损出局了。穿头破脚形态出现时，单日 K 线就是大阴线，出现大阴线后投资者的损失已经很大了，若不赶快平仓出局损失会进一步扩大。

图 5-10 是申能股份（600642）日 K 线出现穿头破脚大阴线时的分时图，从开盘后 30 分钟内的三条线可以看出，二线和三线的方向都显示出当日股价将走出下跌的趋势。在上午盘收盘时，该股下跌幅度达到 1.99%。股价在上午下跌过程中一直沿着一线和二线的方向走下坡路，并且没有任何的反转

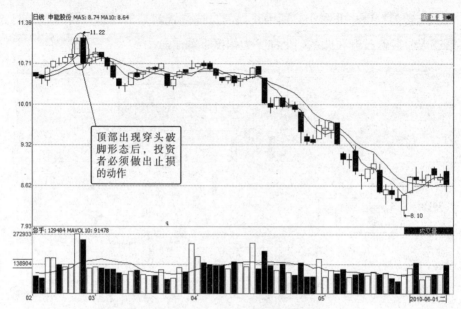

图 5-9　申能股份（600642）穿头破脚反转形态止损

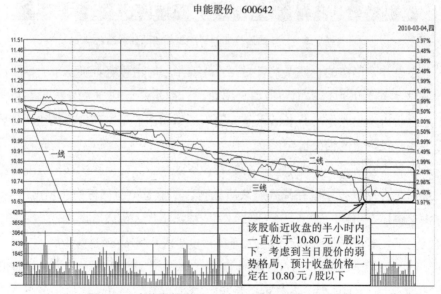

图 5-10　申能股份（600642）2010 年 3 月 4 日分时图

迹象。考虑到前一日股票的最低价格达到 10.80 元/股，那么当日股票的收盘价格跌破 10.80 元/股的水平即可形成穿头破脚形态。分时图中显示股价在收盘前的价位一直维持在 10.80 元/股以下，考虑到当日股价弱势格局以及三线和二线对股价的引导作用，预计收盘前价格不会突破 10.80 元/股。这样投资者就提前预计了股价收盘位置，10.80 元/股以下的收盘价格和 11.13 元/股的开盘价格。对比前一日的最高价 11.13 元/股和最低价 10.80 元/股，两根 K 线正好形成了穿头破脚的顶部反转形态。这样收盘前半小时卖出股票是不错的选择，卖出股票后即使第二天股价没有像样的上涨，低开低走都不会让投资者面临风险。

## 五、抛物线（SAR）止损

SAR 指标设计的初衷是为了避免投资者的贪心，基本设计思路是股价到了某一价位的时候就应该买入或者卖出股票，不能无休止地等待。继续持有而不买入或者卖出股票，只能让投资者减小盈利甚至遭受损失。当 SAR 指标用于止损时，股价在下跌到 SAR 的停损价位时，投资者应该果断地卖出股票，以避免亏损继续扩大。长时间地等待价位返回到初始状态通常都是很不明智的，大幅度的亏损就是在不断的等待和犹豫中逐渐形成的。值得注意的是，在股价盘整滞涨时，SAR 指标经常是不起作用的，这时候止损点位的选取最好使用其他方法来完成。在股价上涨的过程中应用 SAR 指标是个很不错的选择，尤其当股价进入拉升阶段时，SAR 点可以提供很好的止损点。

如图 5-11 所示，深长城（000042）股价在见顶前，曾经有两波急速拉升的动作，而后股价出现了一根以跌停价形成的光头光脚的大阴线。在反弹无力的情况下，股价的重心连续向下移动。图中显示的 SAR 线的时间周期为 10 日。从图中可以看出，在股价下跌穿过 SAR 线时，跌势已经基本上形成了。2009 年 12 月 4 日收盘以后，收盘价为 25.35 元/股，而 SAR 指标是 25.49 元/股，这样从日线上看股价已经成功跌穿了 SAR 指标。当然谨慎的投资者可以等待 SAR 指标移动到股价的上方且持续几天再卖出股票，这样做的好处就是可以避免股价向下假突破。但是等待 SAR 指标移动到股价上方的过程中，也可能会面临着更大幅度的亏损。图中右半部分所示的就是股价在下跌的续跌过程中，等待 SAR 指标移动到股价上方，并且 SAR 指标伴随着股价一路下行。这时候等待的时间越长，损失将会越大。

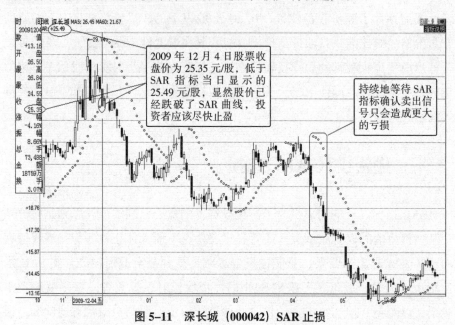

2009 年 12 月 4 日股票收盘价为 25.35 元/股，低于 SAR 指标当日显示的 25.49 元/股，显然股价已经跌破了 SAR 曲线，投资者应该尽快止盈

持续地等待 SAR 指标确认卖出信号只会造成更大的亏损

图 5-11　深长城（000042）SAR 止损

## 六、布林线止损

股价上涨过程中可以利用布林线中轨作为止损的价位。股价在上涨的时候会在布林线的中轨以上运行，如果股价跌破中轨线，价格就会发生反转，这是投资者应该注意的问题。布林线开口的缩放同样能够说明股价的趋势方向。股价上涨过程中，布林线始终保持开口状态，倘若市场走弱，则布林线会在股价下跌之前就开始收口。当布林线的口收得非常小时，如果股价下跌，那么布林线再次开口则是最好的股票卖出时机。

如图 5-12 所示，北方国际（000065）股价见顶后一路下跌。如果投资者正好买在了顶部 37 元/股左右的区域，股价下跌中就应该止损出局了，毕竟股价上涨幅度已经不小了（从最初的 5 元/股左右上涨到 37 元/股）。股价在开始下跌之前，在 2010 年 4 月 13 日曾经出现过一根下影线极长的十字星，这样的十字星说明当时股价几乎跌停，但是又起死回生般地上涨回来。如果当时收盘跌停，股价就已经跌穿布林线中轨了，卖出股票就是理所当然的。

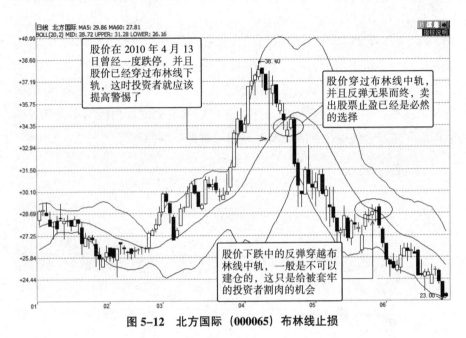

**图 5-12　北方国际（000065）布林线止损**

十字星出现之后，股价连续下行，在股价真的跌穿布林线中轨时，投资者可以利用股价反弹的机会出售股票。

股票下跌的趋势已经确认之后，即使股价反弹回到布林线中轨附近，也不应该抢反弹。真正的下跌当中，反弹一般都只是昙花一现，根本不能够持久。如果还有被套牢的投资者，这是割肉的好机会。

## 七、减仓止损

减仓止损是当股价从上涨的趋势中反转为下跌趋势时，投资者根据损止的严重程度采取不同的操作策略。股价下跌的趋势较强时，将多数股票卖出；若下跌趋势不是很明显，或者下跌只是对过快上涨的小幅度调整，投资者就可以只减少一部分仓位，继续持有多数股票。

如图 5-13 所示，投资者购买新世界（600628），长期看好该股的走势，短时间内股价不断出现回调。这时候采用 5 日均线和 60 日均线相结合的方式进行止损和补仓操作。具体方法是：股价有效跌破 5 日均线则卖出手中 50%的筹码；股价在 60 日均线获得有效支撑后再补仓买入相同的筹码。只要股价没有跌破 60 日均线，就继续持有手中另一半未平仓的股票。这样可以依照图中的方式进行减仓止损，股价在 60 日均线处获得支撑后继续买回抛售的股票。不断进行这样的操作，既可以避开短时间内股价下跌的影响，又可以获得股价波动中低买高卖的利润，可谓一举两得。

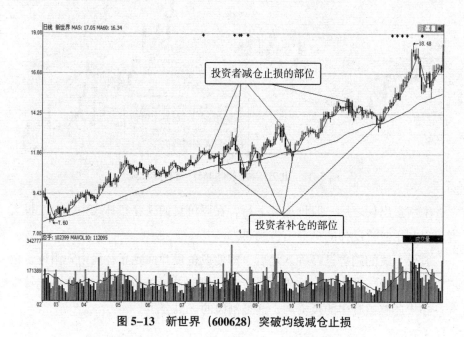

图 5-13　新世界（600628）突破均线减仓止损

# 八、心理价位止损

仅仅从价位本身特点寻找止损点，看似不科学，但是如果投资者善于总结研究还是有很多可用之处的。心理价位是个人投资者以及机构投资者对个股或者指数的预期，往往是很难被突破的价位。而心理价位一旦被有效突破，股价一定会沿着这个趋势走下去。心理价位包括心理高位和心理低位。心理高位是较好的卖出价位，心理低位是较好的买入价位。心理价位通常包括整数价、历史中的价格高点和低点、发行价或者巨大成交量出现时的价位。

　　如图 5-14 所示，中国石油（601857）在上市之初就由于股价过高、大盘指数涨跌过大而开始大幅度下跌。股价从 2007 年 11 月 5 日上市的首日收盘价格 43.56 元/股一路下跌到 2008 年 9 月 18 日的当日收盘价格 10.17 元/股。就在中国石油即将从两位数的股价下跌到一位数的股价水平时，股价突然从底部反转上涨。而且在之后的时期里一直没有跌破到 10 元/股以下的水平。这其中虽然也有印花税下调的功劳，但是不可否认的是，10 元/股的股价是投资者的心理价位。之所以在这个价位受到强烈的支撑，很大程度上是投资者的心理预期起了作用。自从股价下跌到 10 元/股的水平后，股价又接连两次试探这个价位，但是最终都以反弹上涨而告终，之后大盘也随之企稳上涨。

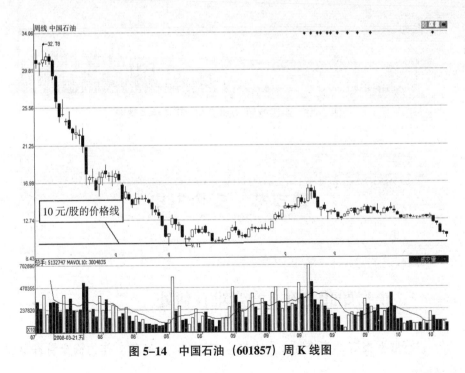

**图 5-14　中国石油（601857）周 K 线图**

如图 5-15 所示，中国船舶（600150）得益于优良的业绩和市场大幅度上涨的格局，不断创造出新的高价。但是就在投资者想象着股价能否再创新高时，300 元/股的价位上终究没有被突破。而且巧合的是，2007 年 10 月 11 日股价创造了该股上涨过程中的最高价 300 元/股。这样看来，不能不说是心理价位起了很大的作用。

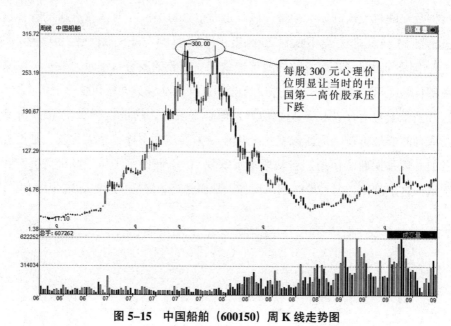

图 5-15  中国船舶（600150）周 K 线走势图

# 第三节  三令五申

## 一、止损如此之难，究竟难在何处

进行股票投资，不论资金大小都应该注重资金管理。作为资金管理重要内容之一的止损，就是在亏损扩大之前平仓出局，减小损失，这对于投资者长期生存于股市中是至关重要的。投资者相信的一条原则是"减小亏损，让盈利不断奔跑"，但是事实上投资者的做法与想法有很大的差别，止损总是很难，止盈总是很简单。那么是什么原因造成了止盈简单、止损难的呢？我们可以从下边的实验中看出一些问题。

实验是由卡尼曼和特维斯基在 1981 年设计出的，两个实验所涉及的问题是完全一样的，只是表达方式上有一些更改。通过对实验人员的测试，最后却得出了完全相反的两种结论。

实验一：

有 600 人感染了致命的疾病，有两种药物可供选择：

A 药物：可以挽救 200 人的生命。

B 药物：只有 1/3 的概率能够治愈所有的人，2/3 的概率是一个人都不能救活。

问：实验人员会选择哪一种药物？

在这个问题中，选择 A 意味着你能够确信救活 200 人，而如果选择 B 你只能是赌多少人可以被救活。参与实验的人当中有 72%选择了 A 选项。

实验二：

有 600 人感染了致命的疾病，有两种药物可供选择：

A 药物：肯定导致 400 人死亡。

B 药物：只有 1/3 的概率能够治愈所有的人，2/3 的概率是一个人都不能救活。

问：实验人员会选择哪一种药物？

显然对于实验人员来说，是不愿意杀害 400 人的，B 药物至少还有救活所有人的可能性。那么只有 22%的参与实验人员选择 A。

事实上，这两个问题是完全相同的，只是说法不同而已。第一个将重点放在收益上，而第二个则将重点放在损失上。这两个科学家利用这两个问题以及其他相关问题得到了结论：人们对于损失和收益的态度是不一样的，即更愿意赌损失而不是收益。

以上的实验结论用在股票市场上也可以得到相同的结果。做短线不断进出股市，因为恰好这次刚买入的股票有了很不错的收益，那么你做何决定呢？想法当然是：立即止盈，放在袋子里的钱才是自己的钱！但如果你买入的股票亏损了该怎么办呢？多数投资者会选择赌一把，即第二天或者第三天也许股价就会涨回来，这时再平仓也不迟。"轻易止盈，不去止损"使得本可以减小的损失不断扩大，本可以放大的收益又没能放大。

在1979年卡尼曼和特维斯基还提出了预期理论，也是对于"难于止损"的解释。这个理论介绍的是对于相同大小的所得和所失，人们更加看重所得。不论是上面的实验还是预期理论，都可以发现投资者的共同特性是愿意止盈而不是止损。投资者在亏损时，多数人的表现是不敢承认失败的现实，宁愿让损失"多奔跑"一会儿也不愿意让盈利多放大一分钟。毕竟止损就意味着我们在买入股票的时候做出了错误的选择。因此，即使投资者已经设置了很好的止损策略，也不可能按照策略本身认真执行。

投资者盈利时的心态与亏损时的心态完全不同，即使是市场的原因投资者也宁愿相信盈利是自己能力的体现，而不是靠运气取得的。这种盲目的自负，在多数投资者中都普遍存在。自负的投资者，在市场中操作的频率也是相当高的，频繁操作可能会导致更大的亏损发生。

最后，想要做到恰当止损，必须正确理解止损的真正意义，克服人性的弱点，做到有效、科学的止损。

## 二、做好止损，先过心理这一关

股票买卖风险无处不在，做好止损并且正确对待止损是成熟投资者应该具备的品质。那么如何正确理解止损？

（1）止损是为了保住本金，也是为了保住利润。投资是有风险的，有风险意味着一定会有投资失败的时候，失败时就应该做好止损。止损的目的是让自己有能力长时间地在市场中进行交易，即使投资者止损时发生了错误，也不应该怨天尤人。只要是按照自己的投资计划来行事且投资方法没有大的问题，就应该坦然地接受事实，争取下次将损失弥补回来。

（2）止损的决定只能自己做出，没有人会提醒投资者是否应该进行止损。做出止损决定时，投资者关注的应该是如何减少损失、避免无谓的操作失误，只要是理性的操作就应该努力去执行。

（3）止损是投资者进行股票交易过程必须具有的一个环节。因为人非圣贤，不可能不犯错误。尤其是在这个充满风险的股票市场当中，犯一些错误是很正常的，重要的不是犯错误本身，而是对待错误的方法。投资者面对投资错误时，唯一的办法就是用止损改正自己的错误。只有止损才能让投资者从错误的交易中解脱出来，才能让投资者保住足够的资金用于以后的交易。

（4）忘记止损留下的阴影。有些投资者买股失误之后就进行了止损的操作。但是在以后的交易当中却陷入了止损留下的阴影。这对以后的正常股票交易是非常有害的。止损不论是对是错，都避免了资金损失的扩大。此外，有时候通过止损的过程，投资者还可以学到很多投资技巧，这对于以后的投资是有益的。因此，适当的止损是投资者不断进步的重要方式。记住止损中较好的技巧和方法，并且在以后的交易当中熟练运用，这才是成熟的投资者。

（5）不要回避更不要对止损产生恐惧。市场中只有 20% 的人是赚钱的，其他的投资者大多是赔钱的。投资者犯错误是常有的事情，看错了方向而用止损的办法适当地解决，这也是投资者的一种手段。对止损产生恐惧心理的投资者，没有真正认识到止损的重要性，更没有将止损当做投资的一部分来对待。只有不惧怕止损，在投资失败时善于用止损保护自己，这才是投资者应该努力去做的事情。

（6）把止损当做交易中不可缺少的成本来对待。股票交易是有成本的，这不仅仅包括佣金、印花税等交易成本，还包括止损所带来的损失。其实损失也是一种成本，是股票交易当中回避不了的成本。投资者要做的是尽量减轻这种成本对盈利的蚕食，做到成本最小化而使利润最大化。

（7）克服人性弱点。止损的操作很简单，点一下鼠标就可以瞬间完成。但就是点击的这一动作，看似简单却难住了多数的投资者。即使入市时间很长的投资者也可能在面临止损抉择时，考虑再三还是不忍心止损。之所以难于止损，一方面是投资者不忍心"割肉"，另一方面是担心市场下套，刚刚止损股价就开始上涨。

止损与其说是在"割肉"，倒不如说是主动将自己解脱出来。看错方向买入的股票，持有时间越长，越能长时间地稀释投资者的本金。对亏损放任不管的态度只能是让自己变得更加麻木，失去对风险应有的警惕性，这样会造成更大的亏损。此外，投资者也没有必要担心自己做出了错误的止损决定。不论止损正确与否，都与自己的分析实力有很大的关系。既然是股票分析能力的问题，承认自己的分析水平，努力提高弥补不足就可以了。为了避免后悔而优柔寡断，或者采取不止损的态度都是十分不明智的。

投资者不愿意做出止损的决定，也有追求完美的心理在作怪。为了不让自己的头寸变成亏损的单子，找各种借口不去止损。结果时间越长，亏损的幅度就越大，这时候再进行止损已经没有必要了，因为股价可能已经跌到了合理的价位，或者正在超跌反弹。但是反弹不一定能够使投资者转亏为盈，股票的上涨幅度很可能不会太大，短暂而幅度不大的涨幅只是给投资者创造了再一次止损的机会而已。

除此以外，投资者侥幸心理也是不止损的原因之一。面对即将出现的亏损，投资者更愿意在等待中回避止损，而不是立刻止损出局，减小损失。殊不知亏损的投资者很多都是因为不止损，而在等待中逐渐失去最佳的出货机会的。股价经常是在投资者等待中继续下跌，而且是从一个低位跳水到另外一个低位，而不是反弹到原来的价位。

总之，市场不会因为投资者不进行止损而股价反弹，也不会因为投资者做出止损的动作而使股价加速下跌。投资者应该依照自己的操作手法做出相应的操作，果断地进行止损，这样才不至于陷入被动当中。

# 三、止损的诀窍

止损如同司机的方向盘，车子行驶在错误的道路上时，可以尽快转移路线，避免在错误的道路上越走越远以至于迷失方向。除了掌握必要的止损方法外，还应该有自己的止损诀窍才能长时间生存于股市中。

## 1. 推损平衡止损法

投资者在买入股票后，肯定是要事先设立止损点位。初始止损点位可以在距离持仓价位以下 10% 的幅度范围内。投资者建仓完成之后，如果能够将止损的价位推到持仓价格，或者是调整到持仓价格以上的位置，那么投资者将不会发生任何亏损，而且还可能有不错的收益。这种情况下，投资者就可以零风险地进行投资了。设立好止损价位之后，投资者要做的就是如何在无风险的情况下进行止盈的操作。那么如何才能够进行零风险的投资呢？具体做法如下：

投资者想买入一只长期看好的股票，暂定的止损百分比是 8% 的下跌幅度。若投资者买入股票之后，股价立即下跌了 8%，那么就顺利止损出局。另一种情况是，虽然投资者设置好了止损的价位，但是股价几乎没有下跌而是立即开始缓慢地上涨。这样待股价的涨幅达到 9% 以上时，将止损价位向上移动到初始的持仓价位。假如在止损价格向上移动之后，股价继续上涨，则可以在股价上涨到 9% 之后，再次将止损价向上移动 8%。止损价格不断地随着股价上涨而上升，这样无论股价何时下跌，跌幅有多大，投资者都不会有太大的损失。最大的亏损也只是股价从最高点向下移动 9% 左右。

应用推损平衡止损法时重要的是要使止损点随着股价的上涨而推高，即止损点与股价同步上升。股价下跌的时候，不可以向下调整止损点，如果股价下跌到止损位置就立刻止损出局，才不会造成更大的损失。

采用推损平衡止损法时，投资者应该尽量选择那些价格波动有一定规律的股票。这样的股票其波动幅度有一定的可预测性，设置好的止损位置不会因为股价的虚假下跌而平仓。而且波动有规律的股票，在上涨的过程中一般不会轻易突破上升通道，这样在股价达到顶部的时候，才会有明显的突破下跌，向上推动的止损也恰好可以派上用场。

在图 5-16 东软集团（600718）日线图中，投资者采用推损平衡止损法操作股票。买卖点位置如图所示：A 为第一次建仓位置，B 为第二次建仓位置，C、D 分别为第一次和第二次止损的位置。止损的百分比定为 8%，股价每上涨 9% 则将止损位置向上移动 8%。

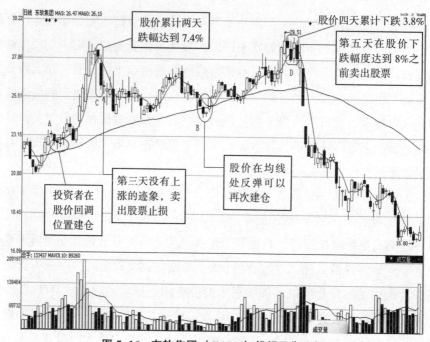

图 5-16　东软集团（600718）推损平衡止损

投资者选择好入场位置后，在图中 A 位置买入了股票 20 手，买入后不久股价开始上涨。这样可以在股价上涨达到 9% 以后，将止损点移动到持仓成本处。在股价上涨到图中 C 所示的位置时，股价开始连续两天下跌，跌幅达到 7.4%。在第 3 天股价没有明显的上涨迹象后，投资者应该按照跌幅达到 8% 的方案止损出局。第一次操作中，投资者从 23 元/股附近持股到 26 元/股，盈利将近 13%。

股价在均线处反弹时，投资者在 B 位置继续建仓买入股票。同样在买入股票后，股价开始大幅度上涨。在股价上涨幅度达到 9% 以后，将止损点推到持仓价位。随着股价的不断上涨，止损点位也不断向上移动。最终股价在

D 位置见顶回落，4 天的时间中共计下跌达到 3.8%，投资在第五天股价累计下跌幅度达到 8%之前卖出股票止损。这样投资者从 26 元/股附近持仓到 28 元/股附近，盈利 7%左右。经过两次推损平衡止损，投资者保住了本金而且还有一定的盈利。

## 2. 限时止损法

通常投资者所用的止损方法都是空间止损法，即投资者买入股票后，股价如果下跌，等待股价下跌到预先设定的价位，或者股价下跌到一定幅度之后再自动止损。空间止损法是有效果的，但是如果股价长时间徘徊不跌破设置的价位，那么持有股票不会损失但是也不能盈利，这样就耗费了相当长的时间。牺牲了时间的止损，事实上也损失了投资者应该得到的潜在利润。如果在等待止损的这段时间里，投资者利用这些资金买入其他股票，可能已经有很不错的收益了。基于这些考虑，所谓的"限时止损法"就应运而生了。

限时止损法是在投资者买入股票前，就设置一个止损的最长限制时间，如果股价长期徘徊在某一价格附近，或者股价连续下跌超过限定的天数，那么投资者要强行卖出股票，以免浪费时间。例如，投资者买入一只股票，事先预计的止损时间是 7 天，倘若股价买入后连续 7 天几乎没有任何涨幅，那么投资者在第 8 天就应该卖出该股票。

限时止损法最大的好处在于节约了投资者宝贵的时间，不会因为股价长时间的横盘而错过了购买其他股票的机会。从这点上来说它要好于空间止损法。

如图 5-17 所示，高金食品（002143）日 K 线图中显示的是投资者采用限时止损法操作股票，买卖点位如图所示。投资者采用"限时止损法"，设置时间为 5 日。止损条件是：股价在 5 天中持续整理不前、连续 5 天下跌或者是在 5 天的断续涨跌中重心下移，就将股票全部卖出。

由图中可以看出，投资者在出现一根大阳线之后的股价盘整区域内进行建仓。建仓成功之后，股价就开始一路上涨。股价上涨过程中，虽然有过一段时间的下跌，但是持续时间只有 4 天，第 5 天股价就高开上涨，这样投资

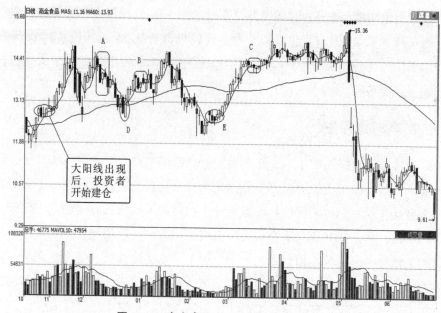

大阳线出现后，投资者开始建仓

图 5-17　高金食品（002143）日 K 线图

者就没有进行止损的操作。

在股价一路上涨之后又开始了下跌的趋势。这一次的下跌时间远远超过了 5 天的限制（图中 A 位置），这时投资者可以在第 5 天收盘前提前判断股价的涨跌，选择是否卖出股票。如果第 5 天股价的下跌已经成为定局，那么卖出股票是理所当然的。但是股价如果上涨，并且收盘价格可以突破 5 日前的价位，那么可以不止损。

股价下跌至 D 位置后出现了阳线穿透阴线的形态，这时候投资者可以再次进行建仓的操作。在持有股票几天后，股价又开始整理、滞涨了。等待股价整理的时间持续达到 5 天，投资者可以选择在 B 位置附近止损卖出股票。

第三次买入股票的机会出现在图中 E 位置，股价站稳均线后，投资者可以再次建仓。这次持有股票的时间比较长，至少达到 10 天。然后股价才开始小幅度地不断下跌。在图中 C 位置，股价持续了 5 天的阴跌，跌幅虽然不大，但是已经达到 5 天的止损天数，投资者应该遵守自己的投资纪律马上止损。

　　图中所示该股在最后达到 15.36 元/股后开始以跌停价下跌，投资者按照时间止损策略也能够避免在大跌中损失。因为投资者在图中的 C 位置止损以后，股价几乎没有像样突破上涨，只是长时间盘整，这绝不是投资建仓的机会。

# 第六章 克敌制胜，相信自己

## 第一节 内幕消息永远是假的

### 一、内幕交易产生的原因

股市中经常性地流传着各种内幕消息，消息的范围相当广泛，利用内幕消息炒股的投资者也相当多，当然也不乏骗钱敛财的不法人士。内幕消息涉及的范围相当广泛，大到国家出台的相关经济政策、法律法规以及上市公司的上市安排情况，小到上市公司的经营情况变化、送股分红方案、重组收购最新情况等。在成熟的证券市场中，对于利用内幕消息获取私利的现象处罚是相当严厉的，内幕交易的成本很高，因此从事内幕交易的人也比较少。国内的证券市场起步较晚，各方面还不是很成熟，利用内幕消息获取投机收益是大有人在的。因此，只要有风吹草动的消息放出来，市场就会猛烈地折腾一番。而事实上真正能够获利的只是那些机构投资者，散户永远都不可能在消息灵通的机构面前获得好收益。

没有方向的散户投资者最喜欢追涨杀跌，股价上涨时趋之若鹜地追涨，结果经常是严重套牢；下跌时又疯狂地杀跌，到头来又失去了绝佳的买入股票的机会。机构和大户看重的就是散户的这些"优点"，通过散布各种虚假内幕消息来借机拉升股价，而散户大量追涨，结果主力顺利高价出货，散户只能"独守"下跌中的股票。当然主力也可能制造各种假消息来引诱投资者进套，投资者明白之时也正是股价下跌完成之日。

那么哪些原因造成了中国股市利用内幕消息赚取不法收益呢？大体来说应该是有以下几种原因：

（1）市场不成熟，投资者买卖股票有太多的投机性质，这些导致了市场中各种真假消息泛滥。当前我国股市中，通过内幕消息买卖股票很是盛行。尤其是看多的投资者，利用道听途说的内幕消息或者从不同渠道获得的消息，大量买进股票做多，这样做的结果经常是惨败而归。如果投资者能够把精力放在研究上市公司质量上来，那么获取的利润会更稳定、更多。没有了投资者对于内幕消息的强烈需求，内幕消息也就没有了市场，也就不会再有投资者因为内幕消失而亏损。

（2）上市公司披露消息的不规范、不及时甚至缺乏相关的信息披露。虽然证监会也颁布了相关的规定，以此规范上市公司的信息披露。而且明确提出，如果上市公司发生有可能影响公司股价的重大事件（如收购与被收购、合并、送配股方案等），上市公司必须以临时报告的形式，在证监会指定的全国性报刊上公开披露。而事实上，上市公司除了发布中期报告和年报外，很少披露内幕消息。没有有效的信息披露，投资大众是很难知道上市公司的内部消息的，无形中就支持了不法人士利用内幕消息谋取不当利益。

由此可见，消除内幕消息需要有上市公司和交易所一同履行相关规定，及时准确地披露相关信息，这样才能避免内幕交易的发生。

（3）同国外的成熟证券市场相比较，国内A股市场起步晚、各方面都不是很成熟。我国证券市场在证券法规和投资者素质方面比较欠缺。相关法律法规对通过内幕消息进行股票交易的行为管控不严格，投资者的素质又不高，从而造成了消息市的普遍存在。市场没有热点的时候，机构投资者甚至制造出来一些虚假内幕来支持股价上涨。当然投资者不断地迎合消息，买入或者抛售股票，也在一定程度上支持了消息市场的存在。总之，内幕消息之所以盛行于市场之中，同市场的特点和投资者的投资理念是分不开的。可以说是市场和投资者共同造就了内幕消息，使得市场具有了内幕交易的性质。

（4）媒体发布内幕消息并非全面，发布时间也并非及时。证券信息对于投资者来说是非常重要的，很多时候都关系到投资者的资金安全。但是由于各种原因，不是每位投资者都能够及时准确地获取有效的信息。没有获得信息的投资者，不能及时有效地对潜在的收益和风险做出反应，失去了最佳的交易时机。而机构和大户可以提前知道内幕消息，从而及时调整持仓状况，做出相应的反应。从这个角度讲，散户必然被主力玩弄于股掌之中。除了以上所说的信息取得时间上的差异外，投资者和上市公司对信息公开的重视程度不够，上市公司没有尽到全面及时披露信息的义务，投资者也没有意识到自己有知晓相关信息的权利，这样就造成了信息没能准确及时地传递出去。

## 二、规避内幕消息陷阱

内幕消息的陷阱可谓股市中巨大的风险之一，投资者不得不对其保持较高的警惕。对于市场中经常出现的各种真假消息，都不要轻易相信，更不能用所谓的"内幕消息"进行股票交易，这样只会让股民得不偿失。具体来说投资者可以从以下几个方面来避免内幕交易给自己带来损失。

（1）通过上市公司相关网站或者证券交易所、国家相关机构的网站来验证内幕消息的真伪。如果证明消息的准确性，可以适当关注相关股票的涨跌状况。如果内幕消息被证明不准确或者是机构有意为之的，那么投资者可以不去理会消息，也不用对内幕消息对股价造成的影响给予太多的关注。毕竟假消息对市场的影响总是有限的，并且消息对股市的影响都应该是短期的、不可能长时间持续的。

（2）从内幕消息的重要性上判断其对股价的影响。形形色色的内幕消息虽然让投资者不知所措，但不是任意一则消息都能对股价产生比较大的震动。有的消息可能根本不能给市场带来多大的影响，但是有些消息就会在很长一段时间里影响股价的走势。具体有多大的影响，还要看消息的真实性和市场对消息的具体反应如何。对市场影响小的消息，投资者可以置之不理；影响比较大的消息，要看情况来定夺。股价在消息发布后出现大幅度的上涨或者下跌，投资者要区别对待。通常在股价处于高位的时候，即使有利好的内幕消息，投资者也不要跟进，以免高位套牢。而在股价处于低位时出现利空消息，投资者也不要盲目地杀跌。持股的投资者可以在股价受到消息影响而出现上涨现象后，适当地减仓；在股价下跌的时候尽量不要杀跌，除非消息证明上市公司的基本面发生非常大的变化，否则股价难以走出非常明显的下跌行情。

（3）不管是何种消息出现，投资者都要冷静思考，不能因为股价随之大幅度波动就心神不宁。纵然消息对市场有影响，一般也是短时间的影响。一两条内幕消息是很难会对公司的经营状况产生很大影响的。投资者对消息的态度应该更加平和。

（4）最后，不要因为内幕消息进行股票买卖的操作。巴菲特在股市中的防身术之一是：不依靠内幕消息买卖股票，他不仅这样说而且也是这样做的。巴菲特即使无意中得知真实而有用的内幕消息，也不会利用消息去赚取不该有的收益。1968年巴菲特看好家庭保险公司，并且在一个星期里连续买入了该公司的股票。但是就在巴菲特得知该公司将被收购的消息后，他放弃了继续买入该公司的股票，这样本该大赚一笔的机会却被他扔掉了。这样做只因为一个想法：一旦利用内幕消息取得不错的收益，将来很可能会因为内幕消息而破产。

投资者在面对内幕消息时，最佳的办法是绕开它，不去理会。如果投资者不能做到这一点，也要对内幕消息进行核实，做出理性的判断，摒弃随便追涨杀跌的做法。

总之，投资者不能轻易地相信市场中传播的各种消息，更不能用消息来买卖股票。要在鉴别消息真伪和重要性之后，在综合考虑公司基本面和技术的基础之上来买卖股票。另外，投资者不能因为消息的出现而进行风险较大的短期投机。

# 第二节 相信唯物主义

## 一、什么是唯物主义

唯物主义是大众普遍接受的哲学思想，这种哲学思想认为物质决定意识，意识是客观世界在人脑中的反映。唯物主义的主要内容包括：对立统一思想、质量互变思想、事物发展变化的思想、物质与意识思想等。这些思想可以让我们认清客观世界，了解事物发展变化的规律。当然股市的发展变化规律也可以用唯物主义的思想来认识。

## 二、股市唯物主义

股市的买卖中也需要利用唯物主义的观点来进行操作。如果唯物主义用得恰当，投资者对股市涨跌的认识会更深刻，不会因为所谓的"内幕消息"而做出不理智的买卖决定。

唯物主义的观点认为，物质是第一性的，意识是第二性的，物质决定意识。在股市中的对应就是，买卖股票要看盘面走势，看公司的经营状况。仅凭短时的消息是很难做出有利于股票买卖的决定的。如果上市公司的经营环境没有发生根本性的变化，投资者却要依据道听途说的内幕消息来操作股票，这样造成损失也不足为奇了。坚持股市唯物主义的观点，就要研究股价运行的规律，了解公司经营状况，只有这样才是持续获利的保证。

辩证唯物主义认为世界上的万物都是按照一定的规律运动的。股市也是如此，若经济状况改善，上市公司业绩会明显增加，反映在股价上也应该是持续上升的行情。若经济发展状况不佳，上市公司业绩没有较大改观并且还可能亏损，这样股价也不会有多大的上涨行情。市场虽然长期走势向上，不代表短期走出相同的上升行情。短时间内股价的波动，总会创造出价位合理甚至低估的股票，投资者可以借助技术分析抓住具有上涨潜力的牛股。不利消息会对短期的股价造成很大的压力，但是不代表这只股票就会大幅度下跌。投资者要冷静客观地判断消息对市场的影响，对仓位做出小幅度调整。

辩证唯物主义对立统一的观点告诉我们：主要矛盾决定次要矛盾，由此决定了事物性质和发展方向。在股市中就表现为：资本市场是得到国家大力支持的，股市大幅度的波动不符合各方的利益。但是长期来看股市又是向上的，股市下跌应当是短时间的调整，投资者不应该过度悲观。

唯物主义认为：任何事物的发展都不是一帆风顺的，波动着前进是多数事物发展的必然规律。在股市中可以理解为：股价的上涨也不是一路飙升的，会沿着曲折的道路前进，而其中必然包括不断上涨和下跌的轮换过程。不涨不跌或者是直线上涨的市场是不存在的。下跌过程中，投资者要做好止损，也应该随时准备抄底。股票市场真正吸引投资者眼球的是股价的波动性和上市公司的盈利能力。股价波动可以创造投机机会，上市公司的盈利能力也可以给投资者带来源源不断的投资收益。正因为如此，投资者才会在市场中不断地进行着高抛低吸的操作，并且乐此不疲。

唯物主义的量和质的转变关系认为：任何事物都是由量变开始的，量变达到一定程度之后就转变为质变。同样在股市中，投资者买卖股票时要注意股价的细微变化。股票的上涨和下跌都不是一蹴而就的，加速上涨之前要经过长时间的积累蓄势，这样上涨的幅度才能足够大、上涨时间才能足够长。同样加速下跌之前要弱势震荡一段时间，这样的下跌才会更有力度、下跌幅度才会更大。

# 第三节　入场时机

## 一、抢反弹

对于股市中经常出现的暴跌现象，短线投资者如果密切关注股价的走势，可以发现很多值得买入的好机会。在股票连续下跌时经常会出现一定幅度的回调，投资者在股价回调之前买入股票的行为可以称之为抢反弹。市场中股价涨跌是很平常的事情，上涨的时候很多投资者都知道追涨，而下跌的时候能有多少投资者抢反弹呢？

抢反弹是有一定风险的，但是其中的利润也相当诱人。能够准确选择好入场时机，进入股市中抢反弹，这样才能够获得更多的投资收益。抢反弹需要讲究一定的原则，有了原则才能够在抢反弹的过程中有的放矢，长期取得短线投资的佳绩。投资者在抢反弹（或者说是支撑位置买入股票）时的原则如下：

（1）记住股价是在反弹而不是反转。股票在下跌时，经常会出现幅度不等的反弹行情，但是都不能说明股价在反转并且后市向好。因此，投资者在抢反弹的时候，一定不要因为短时间内的大幅度反弹而失去理智，反弹的速度很快，再次转为下跌后，下跌的速度也是非常快的。股价可能在投资者的思考中开始下跌了。

如图 6-1 所示，中珠控股（600568）的股价在 2009 年 12 月 10 日创下了最高价 22.03 元/股之后，股价一路下跌，下跌之中穿插了许多的小反弹行情。从下跌开始，每次股价反弹之后，都会下跌创新低价，反弹的幅度则越来越小了。这样投资者不论抢反弹的价位如何好，如果不在反弹的高位抛售股票，到头来很可能还会亏损出局。

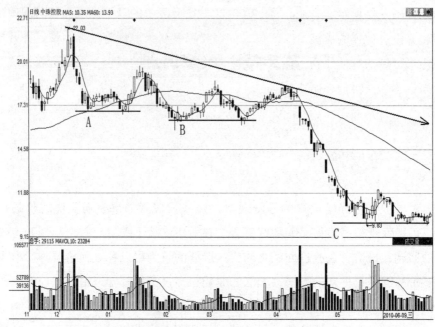

图 6-1　中珠控股（600568）日线反弹走势

　　因此，股票下跌中的反弹是不可靠的，不能指望有很大的涨幅。只要股价进入了下跌的大趋势中，任何反弹的走势都不可能变成反转的，记住这一点是非常重要的。投资者在抢反弹时不能只顾盈利多少，密切关注股价什么时候反转也是很重要的。因为弱势中反转的股票不一定会出现明显的下跌信号，投资者见到股价走弱时就应该止损，以免仅有的一点抢反弹盈利也损失了。

　　（2）买股要多等、卖股不能等。股价反弹的走势和上涨时的走势是完全不同的。股价下跌的途中真正反弹的价位往往比预想的价位要低，而反弹的幅度也会小一些。这样一来，投资者抢反弹的时候就要等，机会成熟再动手；在股价反弹到一定高度之后也要及时地卖出股票，不要寄希望于股价能无限制大幅度上涨。特别是卖出股票的时间越靠后，卖出股票时所面临的风险也越大。投资者如果能够在抢反弹时多一些耐心，股价反弹之后多一分果断，那么抢反弹成功的把握就会很大。

如图 6-2 所示，合肥三洋（600983）在上涨中的盘整区域内长时间地整理，并没有像样的突破。这时候，如果投资者认为股价会最终上涨，并开始在矩形区域的底部建仓，那么接下来股价在 C 位置的破位下跌就会将投资者套牢。

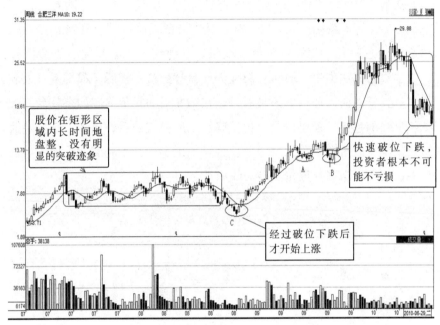

**图 6-2　合肥三洋（600983）周 K 线图**

在股价上涨到另一个高位之后，在 A 位置同样出现了一个小的底部形态。这时候，又免不了有投资者想先下手建仓，同样的结果出现了：股价又一次下跌到低位后才开始上涨。两次的过早抢反弹都说明"买股要等"。

图中显示的股价在创下 29.88 元/股的最高价后，股价盘整了长达六周的时间才开始下跌。股价一旦进入下跌的趋势当中，就会快速地探底。如果投资者不快速卖出股票止损，那么两根大阴线就可以吞没几乎一大半的利润。股价最后的一次下跌说明"卖股是不能等的"。

（3）抢跌幅大、下跌速度快的股票。股价上涨和反弹是有一定的规律的。对于那些下跌速度快、跌幅比较大的股票，投资者来不及卖出股票，因此被套牢的人也是比较多的。这种短时间内套牢众多投资者的股票，在大盘稍微上涨时，必然会因为超跌而出现大幅度的反弹行情。投资选择这样的股票抢反弹，胜算的把握是相当高的。不仅如此，下跌幅度比较深的股票，反弹时上涨的空间也比较大，这样就保证了投资者会有好的预期收益。

如图 6-3 所示，锦江股份（600754）在 2009 年 8 月 5 日随着大盘下跌而下跌，4 天的下跌幅度高达 26.2%。其中有两天以跌停价开盘，然后以跌停价收盘，盘中几乎没有任何的成交量，这说明投资者只能看着股票被套牢，根本没有办法出售。股价在第 4 天开盘打开跌停板后，成交量马上放大了许多。投资者买入股票的最佳时机是在第 5 天的收盘前。如果收盘前已经确认了反弹的趋势，就可以马上抢反弹。抢反弹成功后，投资者不要持股时间过长，等待股价有下跌的迹象就应该马上出手，否则利润就不保了。卖出股票的时机可以选择在股价突破均线以后。

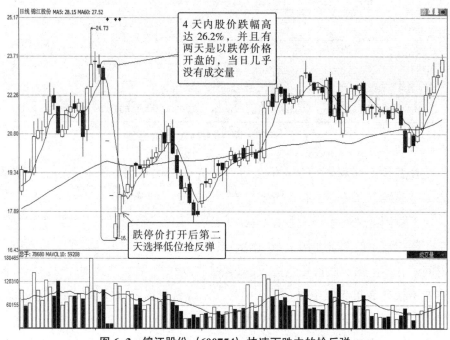

图 6-3　锦江股份（600754）快速下跌中的抢反弹

（4）抢反弹要抓住买卖点位。抢反弹一定要抓住的两点就是买股价位和卖股价位。因为股价反弹的时间一般都不是很长，涨幅不会没有限制。受制于反弹时间和涨幅就必然要求投资者抓住比较好的买卖价位，这样才能够在抢反弹时有比较高的盈利水平。在寻找买卖价位时，可以综合考虑个股的走势特点和大盘的强弱状况等从而判断股价买卖点位。

如图6-4所示，武钢股份（600005）在2009年8月28日创下最高的收盘价格12.28元/股之后，股价一路下跌。下跌途中出现多次的反弹，每次反弹幅度都不是很大，但是投资者通过分析股价变化的特点，也可以获得很可观的盈利。从日K线图中可以很明显地看出每次股价下跌到低位开始反弹时，总会出现一根中阳线或者大阳线穿越5日均线，之后股价就开始大涨。如果投资者可以提前发现如此明显的反弹信号，那么盈利就比较容易了。

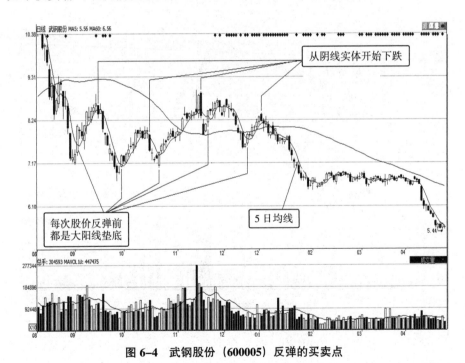

图6-4　武钢股份（600005）反弹的买卖点

另外，在反弹后股价再次下跌前，每次都出现一根小阴线或者是大阴线，不管阴线大小，都起到了提示投资者尽快止盈卖出股票的作用。小阴线在作为下跌信号时虽然不是很明显，但是结合武钢这只股票的特点，已经可以当做反转信号了。股价毕竟只是反弹，而不是反转，所以投资者只要抓住相对的底部和顶部就可以不断地盈利了。虽然每次盈利都不多，但是操作的次数多了投资者的资金就会不断膨胀。

（5）抓住热点板块。在市场状况一般的时候，不是所有的股票都上涨。弱势中的股票经常以板块联动的方式轮番上涨，股票反弹时的短暂上涨行情也不例外。因此，投资者只有抓住了市场中的热点板块抢反弹，才能够取得比较好的投资收益。

图 6-5 地产指数（399200）的周 K 线图显示出，指数在经历 2008 年的大跌之后，于当年 11 月份开始大幅度反弹。经过 9 个月的时间由下跌时最低点位1799.11 点上涨到 2009 年 7 月的 6184.19 点，涨幅高达 344%。

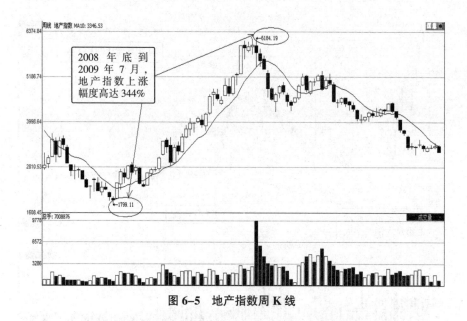

图 6-5　地产指数周 K 线

图 6-6 采掘指数（399120）周 K 线图显示出，同样是经历了大跌，而且同样经过 9 个月的反弹，采掘指数一举上涨幅度高达 507%，由最初的七百多点上涨到近四千点的高位。这在不同板块中算是上涨幅度相当高的了。

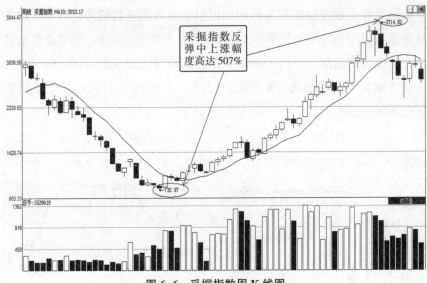

图 6-6 采掘指数周 K 线图

图 6-7 农林指数周 K 线图显示出，在 2008 年 11 月到 2009 年 7 月的反弹中其上涨幅度是 201%，勉强达到翻倍的效果。

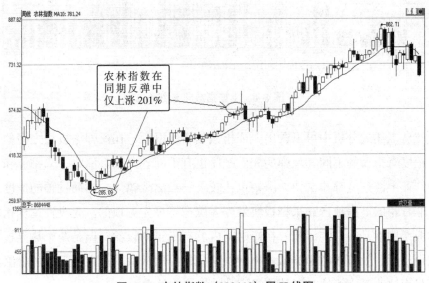

图 6-7 农林指数（399110）周 K 线图

从图 6–8 上证指数的周 K 线图中可以看出，同一时期反弹的上证指数仅仅从最低点位 1664.93 点上涨到 3478.01 点，涨幅为 209%。可见地产指数的涨幅比上证指数的涨幅高出 135%，而采掘指数则比上证指数高出 372%。三个指数中涨幅最小的要属农林指数，仅仅上涨 201%，比同期的上证指数涨幅还低 8%。

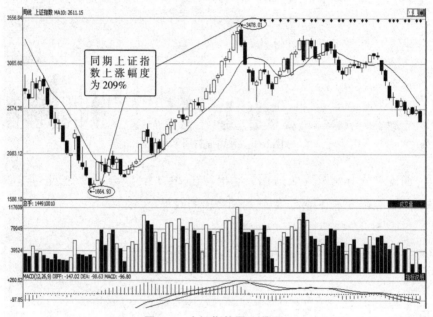

图 6–8　上证指数周 K 线图

从上述的分析中可以看出上证指数创新低以后，在反弹中板块之间的上涨幅度有很大的不同，反弹的先后顺序也有不同。开始上涨时，采掘业和房地产业上涨速度都非常快，涨幅也比较大。虽然涨幅大，然而见顶的速度也是非常快的。房地产和采掘板块最先上涨也是最先见顶的。先投资这样板块的股票固然是很好的，能够在短时间内就有不错的收益。但是两个热点板块见顶以后，就应该考虑类似农林板块这样的冷门板块了。在接下来的上涨中都是由这些冷门板块和开始涨幅不大的板块来领涨的。

投资者只有在上涨中抓住热点板块，热点变换之后在不同板块之间切换才能够有比较好的投资收益，而且切换的过程也是投资者收益稳定增加的过程。

（6）尽量少臆测股价的涨幅。股价反弹的行情多数是有很大的不确定性的。在不确定性的反弹中预测股价涨幅是非常难的，与其预测股价，倒不如跟随市场的步伐，反弹后见走势不好就及时卖出。只有这样才能获得收益，避免反弹中巨大的不确定风险。

如图 6-9 所示，道博股份（600136）在下跌过程中，每次的反弹幅度都不是太大，而且反弹到相对的高位之后，就开始跳空向上涨。下跌的情况也是如此。如果投资买入这种股票做短线，猜测反弹的顶部几乎是不可能实现的。股价每次不经意间地上涨和下跌就会使投资者盲目追涨杀跌而损失惨重。

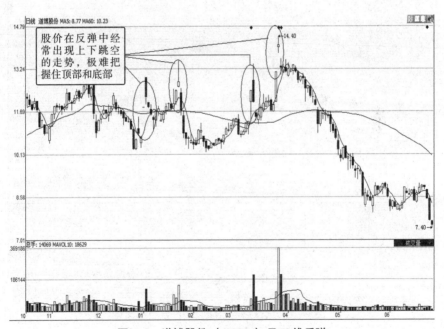

图 6-9　道博股份（600136）日 K 线反弹

针对这种变化很没有规律的股票，很多时候要靠投资者的盘感进行操作，结合当时指数的走势来综合判断股价的涨跌方向，这样才可以避免无谓的追涨杀跌的情况发生。

## 二、实战抢反弹

如图 6-10 所示，大连热电（600719）在下跌途中出现了大阴线的突破下跌形态，但是下跌时间不长就开始横盘整理了。股价不断地整理并缓慢上涨，这时 KDJ 指标和 RSI 指标先后出现了底部金叉形态，最后在股价重心向上移动的过程中 MACD 指标也形成了金叉。这个过程中 KDJ 指标显示出了非常敏感的变化，而 MACD 就迟缓多了。激进一点的投资者可选择在 KDJ 指标出现金叉后就开始抢反弹。

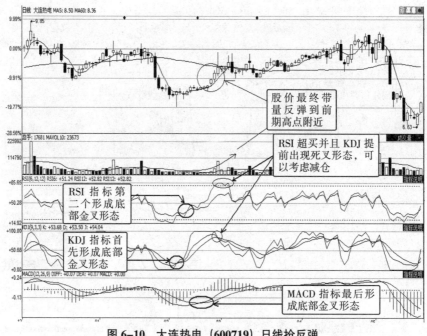

**图 6-10　大连热电（600719）日线抢反弹**

同样的事情发生在股价上涨到前期高点附近的价位时，KDJ 指标首先出现了顶部的死叉形态，RSI 指标也出现了高位超买的状况。但是这时 MACD 指标似乎还没有上升到零轴线以上。既然出现了卖出信号，最好的做法就是止盈或者减仓操作。因为毕竟股价已经上涨到了前期高点附近，再进行满仓操作风险肯定会很大。减仓之后股价在 60 日均线处反复涨跌，大体方向是向上的，但是涨势非常弱。因此在股价弱势上涨时，不断地在高位减仓已经是投资者的必然选择，否则涨势过后很可能会破位下跌。

从图中可以看出，随着股价不断缓慢上涨，RSI 指标线已经开始在 50 的附近徘徊。而且不管股价如何缓慢上涨，RSI 指标都没有达到前边超买的位置。既然股价创新高，RSI 指标不创新高，那么显然就是顶部背离形态。这时投资者最好就是见高位止盈了结头寸。不管股价何时开始下跌都不重要，重要的是股价在反弹中的下跌是一定的。因此，将股票全部出售是个不错的选择。

抢反弹中，投资者应该注意的一点就是：股价上涨往往是很缓慢的，而下跌通常都是很快的。避免亏损，抓住微薄的反弹利润是投资者首先要考虑的事情。

# 三、不应该抢反弹的情况

股价反弹是很常见的事情，但并不是每一次的反弹都是可以抢的。不合适地抢反弹不但不会有好的收益，还会使投资者陷入大幅度亏损的状态之中。具体来说，以下几种情况中是不宜抢反弹的。

（1）重仓者不抢反弹。持仓重的投资者不宜抢反弹，因为反弹本身就具有很大的不确定性，持重仓抢反弹很容易使投资者陷入被严重套牢的尴尬境地。

（2）心态不稳定不宜抢反弹。抢反弹属于很短期的行为，通常需要投资者具备比较好的心理素质。对于刚入市不久或者有过较大亏损的投资者，其心理上不能承受股价的大幅度波动，因此很容易做出不明智的举动来。

（3）弱势行情不宜抢反弹。熊市或者长期下跌的市场中，追涨的投资者热情不会很高，反弹的幅度一般都是非常小的，甚至股价根本不会出现很明显的反弹上涨行情。这时候盲目入市抢反弹只能使其被套牢。

（4）不抢抗跌的股票。抗跌的股票本身下跌的幅度不深，即使有反弹行情出现，反弹的幅度也不会太大。而且抗跌的股票很可能在市场长期走弱的过程中出现补跌的情况，如果遇上这种情况，就别寄希望于反弹了。

（5）不抢放量下跌股票。放量下跌的股票说明其下跌很可能还没有跌到位置，没有真正释放下跌动能的股票，反弹的行情也只是昙花一现，不值得投资者去抢反弹。

（6）存在长庄的个股不宜抢反弹。若庄家长期存在于某只股票之中，其持仓的成本一定是比较低的。低成本意味着股价不需要较大的涨幅就可以获得比较好的投资收益。在反弹的时候，也不能够指望这类股票能够有比较大的涨幅，投资者尽力避开这类股票才是明智之举。

（7）被爆炒过的个股不宜抢反弹。如果个股被爆炒过后出现了高位放巨量下跌的走势，说明庄家很可能已经出货完毕。原因是长时间的拉升都没有使庄家获利套现，短期的下跌更不会轻易地使庄家卖出手中的股票。而且被大力拉升的股票，一定庄家获利丰厚，即使没有完全出货，庄家也可能在下跌途中不断地出货了结头寸。即使出货造成股价大跌也无关紧要，因为庄家早已经获利丰厚了。

（8）短暂快速上涨的行情不宜抢反弹。股价处于下跌的趋势当中，有时候会出现无缘无故的短暂反弹行情。这样的反弹持续时间不会很长，也不会有多大的涨幅。投资者应该多做观望，不宜冲动买入股票。

（9）没有明确的盈利和止损目标不抢反弹。盈利目标清晰，止损点选择得当，只有这样在抢反弹的时候才能够做到万无一失。不仅如此，在抢反弹时，盈利目标价位与止损目标价位的比值要足够大，这样才能够做到用较小的损失博取较大的收益。只要胜率在 60%~70%，投资者在长时间的交易当中就会保持盈利的状态。

# 第四节　英雄有用武之地

## 一、技术指标选择买点

在股价见底回升的时候，投资者如果没有把握判断股价是否将会反弹，可以参照技术指标形成的信号来决定是否建仓。即使股价假突破且短时间上涨，在长期的技术指标中也是没有买入信号的。更重要的是分析中长期的 K 线形态中的技术指标，底部出现买入信号都是相当准确的入场位置。

如图 6-11 所示，航天机电（600151）周 K 线图中显示，该股在由牛市到熊市的转变初期，给了投资者相当多的建仓信号。首先从图中的 RSI 指标、KDJ 指标和 MACD 指标上来看，在经过长期的下跌后，股价最终从超卖

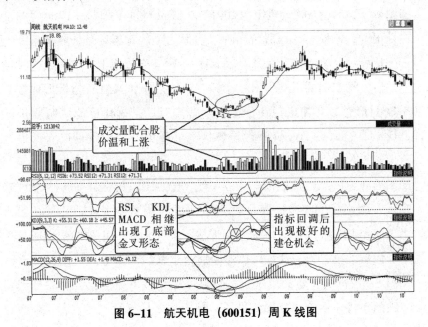

**图 6-11　航天机电（600151）周 K 线图**

状态开始反弹。上涨的过程中短期指标线向上穿越长期指标线形成了金叉买入信号。其次从成交量上来看，随着股价不断缓慢上涨，成交量也温和地放大。众所周知，股价的上涨是必须要有成交量不断配合的，无量上涨是不足以带动股价回升的。

在指标发出买入信号后，投资者选择在短期指标线向下接近长期指标线时再建仓，对投资者来说这是相当合适的价位。如图中所示的 RSI 指标和 KDJ 指标相继出现短期指标线下探的动作，这是再理想不过的建仓机会了。如果投资者等待 RSI 和 KDJ 指标线向上穿越 50 线，或者等待 MACD 线穿越 0 轴线的时候再开始建仓，这时候投资者就会发现建仓成本提高了许多。倒不如开始出现信号时就用一部分资金建仓，然后随着股价上涨、指标的反转信号更加明确，不断地进行加仓的操作。这样做虽然持仓成本不是最低的，但一定是在很合理的价位买入股票。

## 二、技术指标止盈

如图 6-12 所示，航天机电（600151）股价持续了很长一段时间的上涨后，在见顶时，KDJ 指标与股价出现了明显的顶部背离信号。股价不断上涨并且一度达到最高价 16.57 元/股，而 KDJ 指标并未接连下挫。在股价持续一周的下跌后，第二周的下跌中 RSI 指标、KDJ 指标和 MACD 指标形成了高位死叉下跌的形态。死叉出现在指标发生背离以后，这样更能说明股价已经见顶回落。在这以后的股价下跌趋势是不可避免的，止盈是投资者最好的选择。

如图 6-13 所示，航天机电（600151）日线中股价在开始进入下跌趋势前出现了一根很长的阴线，当日以 10.03% 的跌幅跌停报收，并且在股价跌停的当天，RSI 指标和 KDJ 指标立即形成了死叉形态。止盈的位置应该选择在死叉形成后的第二天，这样可以避免股价下跌后带来更大的损失。

如图 6-14 所示，航天机电（600151）在高位下跌，第二天高开震荡后继续下跌的走势。不管当日的收盘价格是上涨还是下跌，投资者一般可以选

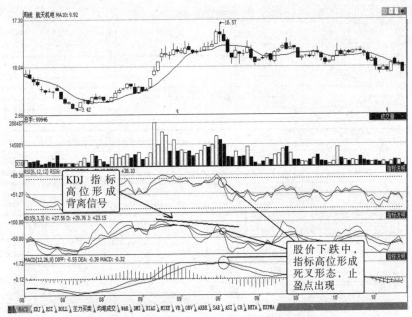

图 6-12　航天机电（600151）周 K 线止盈信号

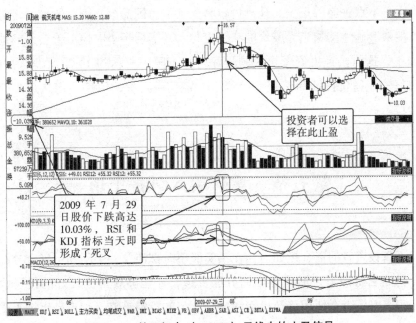

图 6-13　航天机电（600151）日线中的止盈信号

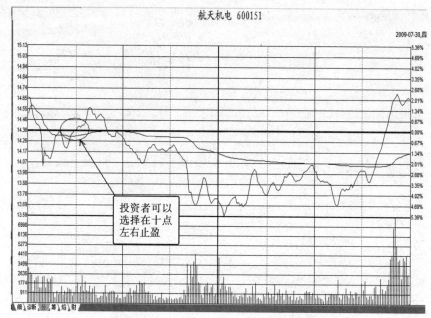

图6-14 航天机电（600151）分时走势图

择在上午十点钟前后止盈。开盘价容易受到主力的操纵，因此股价的走势一般不能够准确地反映当天股价的涨跌变化。开盘后半小时内股价会不断地得到修正，这时候是投资者止盈的最好时间。图中所示的14.28元/股附近是比较好的止盈价位。当然止盈价位不一定是最高价，但是一定是最为合理的价位。

# 第五节 重仓买入才是王道

不管投资者的资金量如何，在买卖股票时都涉及一个问题：资金分配问题。选定目标股票之后应该如何分配资金，才能够获得比较好的投资收益呢？很多投资者会使用分散投资和轻仓入市的投资策略，这也是市场上受到多数人认可的投资管理方式。那么对于从事短线交易的投资者来说，轻仓入市虽然意味着比较小的投资风险，但是相应的投资回报也会大打折扣。即使投资者选择的股票涨幅非常大，但是受制于仓位限制的投资者也不能获得非常好的投资收益。如果重仓持股就不一样了，获利的交易机会只要一次就可以让投资者盈利颇丰，即使只有几次交易也不会影响收益水平。虽然重仓持股可以扩大盈利，但是相应的投资风险也是非常高的。那么如何才能使利润奔跑的同时又减小风险呢？最有效果的方法是：首先做好止损，减小投资损失；其次放大盈利，提高盈利的概率。

重仓交易其实并不可怕，好的重仓交易不仅不会使投资者亏损，还能使其获得非常棒的投资回报。重仓交易的时候要做到以下几点：

## 一、止损价位设置要准确、紧凑

止损点的设置要适合个股的涨跌规律，适合自己的资金管理。止损价位的选择要尽量靠近有效支撑价位，这样在股价下跌的时候才不至于因为股价假突破止损点而被迫止损。

如图 6–15 所示，现代制药（600420）的日 K 线图中股价上下波动相当频繁，而上涨的过程并不是一帆风顺的。这样波动的股价恰好适合投资者做短线，高抛低吸是投资者最好的盈利方式了。例如，投资者在股价上涨到均线上时就可以开始建仓了，图中 A 位置就是一个极好的建仓位置。止损点可以设置在均线以下的、靠近前期低点的位置。根据股价的走势设置相应的止盈位置。股价在连续上涨之后，在 B 位置出现跌破均线的现象，这时候投资者可以在该位置止盈出局。即使这样，投资者的盈利状况还是不错的。

图中相应的 C、D 两处价位是投资者再次建仓和止盈的位置。同样的止损位置可以设置在前期的低位附近，或者设置在均线下方一些。不管如何设置，止盈和止损价位力求准确无误，并且使止盈和止损的比例达到 3∶1 以上即比较理想了。

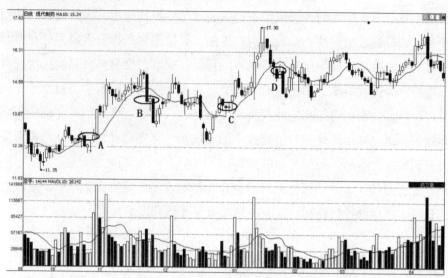

图 6-15  现代制药（600420）日 K 线图

## 二、止损要果断执行

止损点的设置固然很重要，勇于止损的魄力更加重要。再好的止损点位，加之周到的止损准备，真正亏损时不去有效执行也无助于减小损失。止损就像最后的一根救命稻草一样重要，没有这根"稻草"想要长期在股市中生存是不太现实的。

如图 6-16 所示，青松建化（600425）在股价见顶的时候，股价连续出现跌破 10 日均线的现象。第一次跌破均线发生在图中 A 位置，一根下影线很长的阴线跌破 10 日均线之后，随之是一根跳空下跌的小阳线，确立了股价的下跌趋势。如果这时候投资者再结合前期股价跌破均线的情况进行判断，就可以发现其实股价的下跌不是一蹴而就的，而是有过一次尝试的。尝试之后，股价很轻松地突破了 10 日均线的支撑后破位下跌。

在图中的 B 位置也是一样的：一根长阴线有效突破均线之后，再加上前期的股价破位下跌作为铺垫，这次股价的下跌过程更是迅速。股价根本没有出现明显的反弹就开始了破位下跌。

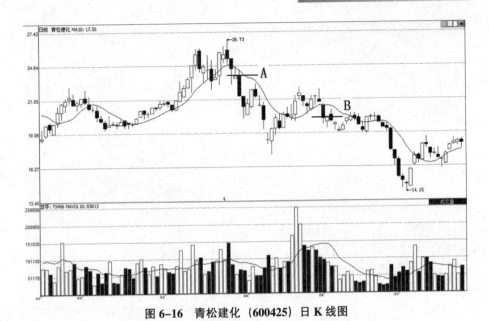

图 6-16　青松建化（600425）日 K 线图

# 三、止盈与止损的比值要大

买卖股票之前要事先计算好盈利和亏损之间的比例。要使每一次的盈利空间很大，而可能出现的损失要比较小，这样长时间的交易后才能保证不断盈利。当然，要想保证有很高的盈利空间，就要选择那些跌幅较大、上涨空间也比较大的股票，并且在接近有效的支撑价位或者临近历史最低价位时没设置止损点，这样的止损点可以用相对小的损失就可以达到止损的效果。通常盈亏比在 3∶1 以上是比较好的。3∶1 以上的盈亏比说明投资者持有的股票，在正常情况下的盈利至少是亏损的三倍以上。即在四次股票买卖当中，即使有三次交易都是亏损的，只要有一次交易是盈利的就可以使投资者不亏不盈。

# 第七章　收获战果

## 第一节　严进宽出

### 一、严格选择入场价格

#### 1. 信号出现再进场

很多投资者都有过这样的经历，买股票时买得太早，买入后股价续跌接着亏损。这说明投资者买股票时并没有细心地研究股价的走势，见到像样的反弹就想追涨，殊不知每次都掉进下跌的陷阱中。那么如何才能够稳妥地买入股票呢？只有一个办法，就是投资者要学会等待，耐心等待股价真正出现上涨信号之后再做多。也只有这样才能够稳定地盈利，使买入的股票持续上涨。上涨的信号主要是看股价涨幅和成交量放大情况。长期下跌后，上涨前一定要有成交量的配合，更需要大幅度向上突破的涨幅。如果不是这样的话，很难说是股价已经开始上涨。

图 7-1 宝钢股份（600019）在连续下跌中，股价一直处于缩量状态，而且没有一次像样的反弹。这时候最能够考验投资者的忍耐力了。只有耐心等

待，时机到来时再动手才能够得到好的入场机会。图中标注的位置显示，股价已经开始连续放量上涨，突破了底部区域。从图中可以看出先出现跳空向下的缺口，时隔不久又出现向上的跳空缺口，两个缺口正好形成了反转形态。股价上涨的趋势已经开始了。这时候投资者不论是在哪个位置买入股票，风险都是很小的。股价的上涨还会持续，下跌只是短时间的事情。

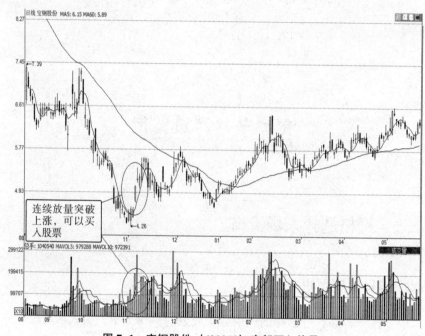

**图 7-1　宝钢股份（600019）底部买入信号**

## 2. 上涨回调后建仓

　　股价出现上涨的信号，这是建仓的好机会。其实更好的机会是在股价回调时再进场，这时候的股价相对低一些，建仓可以获得更好的投资收益。投资者需要注意的是，回调前股价的上涨一定是得到确认的放量大阳线上涨，否则很容易因为股价再次续跌而亏损，真正的底部出现后才能够做多。

　　如图 7-2 所示，宝钢股份（600019）在有效反弹后，不久股价就转而向下回调了。在股价回调企稳时，投资者建仓是比较好的选择。需要注意的是，既然股价已经开始上涨，回调位置就不一定是原来的价位。所以投资者不必硬要买在低点，毕竟上涨的趋势已经确立，底部不断抬高是正常现象。

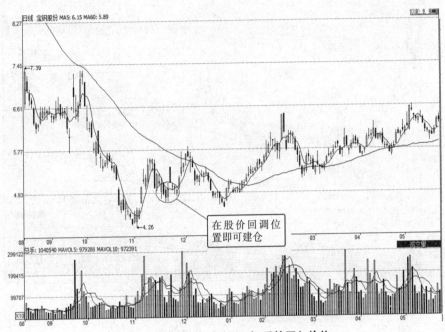

图 7-2　宝钢股份（600019）反转买入价位

## 3. 中途回调可加仓

股价已经开始进入上升趋势当中时，上涨之中必然伴随着下跌的趋势，上涨和下跌是交替进行的。连续的上涨必然穿插着阶段性的见顶回落的下跌行情，上涨不可能是一帆风顺的。那么只要股价开始回调，投资者就可以在这个时候加仓买入股票。加仓的位置一定是要选择在均线之上，站在均线之上，股价才能继续上涨。而且股价在均线处时，要有一定的反转 K 线形态才是可靠的反弹上涨。

如图 7-3 所示，宝钢股份（600019）的股价在波动中不断上涨，波动时每次的低点都是投资者买入股票的最佳时机。投资者在这样的波动低点买入股票才算是"严进"股市。严格按照入场点进入股市的资金，投资的风险比较小，相对收益也会很好。

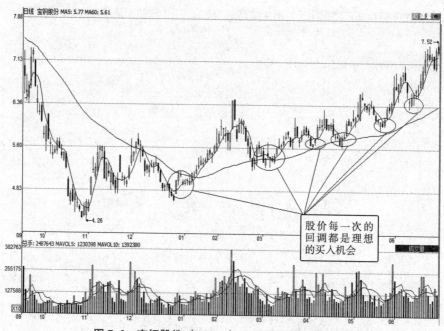

图 7-3  宝钢股份（600019）日 K 线回调加仓价位

# 二、视情况决定止盈价位

## 1. 止盈不需要理由

止盈真的不需要理由吗？当然不是了，但是止盈的理由不需要很明确，不像选择进场点那样严格。原因很简单，进场价位偏差错误会造成巨大的亏损，在出场价位选择上稍微宽松一些（如提前止盈）是不会造成很大损失的。因此，出场点的选择就相对随意一些。而且，出场点的选择受股价上涨过程中不断调整的影响，会有很多的调整机会。调整的幅度有时候是很难确定的，这时候投资者可以先将一部分仓位止盈出局，剩下一部分继续持有，以免股价调整幅度过大造成利润减小。当然投资者是可以做波段的，高抛低吸的操作，这时候的止盈和建仓就要找好点位了。凭空想象的止盈和建仓都是风险比较大的，精心挑选价位才是盈利的最佳手段。

### 2. 高位持股一定需要理由

股价涨幅过大且表现出明显上涨动力不足时，投资者需要有足够的理由才能继续持股。否则股价万一大幅度跳水，投资者是很难承受的。股价在下跌的时候，重心越低，风险越小；而在上涨的时候，股价每次向上攀升一个高度，风险就会加大一些。对于持续上涨的股票，投资者必须要给自己一个继续持仓的理由。

# 第二节 止 盈

## 一、为什么要主动止盈

投资者买股票就是为了盈利，而且获利越多越好。股价短时间的暴涨不一定是因为公司的盈利能力有了质的飞跃，一般情况下都是炒作的结果。虽然价格上涨，但是涨幅不是无限制的，股价到了顶部位置主力就要出货了。与其面临着股价高位下跌的巨大风险，倒不如在提前预见到风险时卖出盈利的股票，这样即使股价下跌也与自己无关了。

止盈也要讲究一定的方法，用适当的方法在适当的时间里止盈，不但会避开下跌的风险，还可以获得更好的投资收益。

## 二、止盈方法

股市当中有一句大家都公认的名言："会买股票的不如会卖股票的。"会止盈的投资者就是会卖股票的，买到了好股票还要选择在合适的时机卖出，才能得到较好的投资收益。止盈就是将收益放入自己口袋中，落袋为安才是最重要的。股票不兑现成现金永远都是市值，市场随时都有可能将钱收回去。有效的止盈不仅仅表现在保住利润，而且还表现在放大收益。止盈的动作过早做出来，很可能失去后面很多的投资收益，失去盈利的机会相当于变相亏损。在止盈的同时尽量扩大投资收益，才是比较出色的止盈做法。常见的止盈方法有以下几种：

## 1. 固定止盈法

固定止盈法是投资者依照事先设置好的盈利目标卖出股票，达到事先止盈的目的。一般投资者可以依照止盈与止损的比值在 3∶1 以上的标准，制定相应的止盈价位。如果止损百分比是 9%，盈利幅度达到 27%时就可以把股票全部卖出去。

采用固定止盈法的优点就是可以避开股价涨幅过大后的下跌风险，缺点就是没有根据市场中股价的走势来选择止盈位置，在很多时候不具备实战性。例如，如果股价在上涨过程中根本没有达到预先设定的涨幅，那么投资者就不能止盈，这时候如果股价掉头向下，投资者本来可以盈利的头寸还可能面临亏损的考验。当股价上涨到固定止盈价位时，投资者可以在预先设定的价位上顺利卖出股票，如果股价继续上涨，投资者则失去了更多盈利的机会。

## 2. 均线止盈

移动平均线是最好的测量股价压力的方式，观察平均线的形态特点，找出压力所在的价位，提前做出止盈的动作。当股价在高位运行时，短期均线自上而下穿越长期均线。在穿越的价位上，若股价放量下跌，则说明上涨的趋势至少在短期内被破坏了。盈利的投资者可以马上止盈，避免损失。在股价反弹时，遇到上方长期均线的压制后立即放量下跌，这也是投资者卖出股票的最佳时机。同移动平均线止损点的设置一样，止盈点的设置上也是加权平均线的效果比较好。

### 3. 单根 K 线反转止盈

股价上涨到高位时，下跌前一定会有各种各样的表现，具体在 K 线形态上一定会有弱势的表现。出现这些股价走弱的 K 线形态后，投资者可以提前将股票止盈卖出。当然也可以部分卖出手中的股票，剩下的部分看情况再做决定。看空的 K 线形态有放量的十字星、上吊线等。

### 4. K 线组合形态止盈

和止损采用的 K 线组合形态不同的是，止盈 K 线组合形态注重的是保住利润，需要提前预知股价的反转变化。这样选择 K 线组合形态时就不能够利用那些价格已经下跌后的组合形态，只能利用那些见顶前出现的形态。因为只有这样才是提前止盈，才不至于在股价下跌的时候损失利润，才可以使收益达到最大化。这时候采用的 K 线组合形态有顶部的放量三连阳、连续出现的成交量和换手率都很大的小阳线等。

### 5. 抛物线（SAR）止盈

SAR 指标本身就是很好的止盈和止损指标，在实际的应用当中是非常简单而清晰的指标。投资者可以凭借 SAR 指标来判断股价的顶部和底部，在适合的位置买入和卖出股票。SAR 用于止盈时，股价处于上升的趋势当中，SAR 指标线在股价的底部，而且股价和 SAR 指标是同时上涨的。SAR 指标为股价上涨提供了支撑的作用。若股价开始下跌，则股价会下跌到 SAR 附近。接下来股价跌破 SAR 线，并且 SAR 指标变化到股价的上方。这时候股价和指标同时下跌，说明趋势已经转变，股价开始下跌。下跌当中 SAR 指标对股价起到了阻力的作用。只要股价没有有效地向上穿越 SAR 指标，下跌的趋势就不会改变。

### 6. 布林线止盈

股价上涨过程中，布林线开口会变大，并随着股价向上延伸。股票如果涨势良好，价格会在布林线中轨到布林线上轨之间运动，而且股价绝不会跌破布林线的中轨。上涨力度比较大的股票，股价会不断地向上突破布林线上轨，布林线为了不被股价穿越而不断地张口。布林线张口就是布林线的上轨线和下轨线同时向外放大，这时候说明股价的上涨处于高峰阶段，短期内不容易回调。如果是在下跌过程中的抢反弹操作，那么止盈位也可以选择在布林线的中轨附近。下跌中的股价一定是在布林线下轨到中轨之间运动的，股价的反弹一般都到布林线下中轨附近就停止了。所以将中轨作为止盈的位置，对投资者来说是非常好的方式。

### 7. 减仓止盈

减仓止盈是在股价上涨到高位的时候，如果投资者意识到了股价将要见顶下跌，就要提前卖出股票，将利润保住。同其他的止盈方式不同的是，减仓止盈还会保留一部分股票继续持有。在投资者意识到股价高位有一定持股风险但股价又没有真正进入跌势中的时候，可以选择采用卖出部分股票的方式规避高位风险。这样做的好处就是既能够保住利润，又能够享受到股价继续上涨带来的收益。即使股价在这之后开始下跌，投资者还可以通过止损来躲避风险。减仓止盈可以获得一举多得的投资效果。

### 8. 心理价位止盈

股票的心理价位同样可以作为事先止盈的价位。在股价持续疯涨的过程中，技术指标可能因为股价的持续上涨而失去应有的作用，且公司基本面早已经不能支持股价继续上涨。但是所有这些都无关紧要，只要市场中有人接盘，有后续资金继续涌入市场，股价就可以持续上涨。但是上涨过程中，心理价位对股价的影响是很大的。只要投资者一致认为不可以通过的心理价位，股价就可以马上见顶回落。这样的心理价位包括历史中最高价位、整数价位、历史上放量的价格高位。

### 9. 在筹码聚集处止盈

股价连续上涨,投资者在持股过程中要不断地关注筹码的分布情况。股价在被拉升之前,主力必然要大量地吸筹。当主力建仓完毕开始拉升股价时,持仓成本会不断地向上移动。尤其是股价上涨到高位时,如果筹码相当集中,就形成了单一的峰值,投资者就应该减仓操作。高位筹码的密集状态是相当危险的,一旦股价跌破筹码密集之处,下跌的幅度会非常大。因此,投资者股价高位筹码形成单一的峰值时就应该开始加仓操作了。

# 三、实战止盈

### 1. 固定止盈法

如图 7-4 所示,首旅股份(600258)在震荡过程中,投资者选择在股价下跌出现大阳线后买入股票。投资者采用固定比例止盈,止盈的比例定在

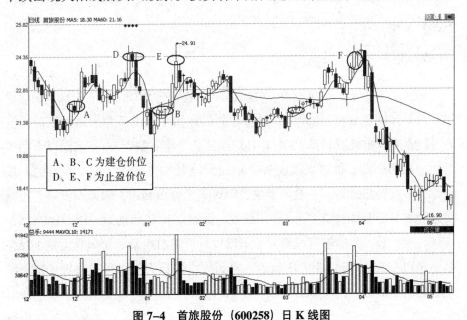

图 7-4  首旅股份(600258)日 K 线图

9%，止损比例为 3%。只要股价下跌不超过持仓价位的 3%，投资者就继续持有股票。当盈利比例达到 9%或者以上时，就坚决止盈。只要盈利比例在 9%以下就坚持持仓不动。

从图中可以看出，投资者在股价底部出现大阳线后，第一次在 A 位置建仓。持仓过程中虽然股价也曾下跌到持仓位置附近，但是跌幅并没有超过 3%，因此可以继续持仓。当股价上涨到图中 D 位置的大阳线处时，股价累计涨幅达到了 10%以上，这样投资者可以在当日收盘前就进行止盈。这样就有了 9%的盈利，更会避免将要到来的股价下跌。

第二次股价在底部出现大阳线之后，投资者在图中 B 位置建仓。然后股价经过小幅度整理之后就开始快速上涨。在股价上涨到 E 位置时，显然盈利的幅度已经达到了 9%以上，投资者可以顺利地止盈了。需要注意的是投资者止盈一定要迅速，不可以有一点点的犹豫，否则不仅不能盈利，而且还会在接下来的股价下跌中止损出局。因为投资者设置的止损点位是 3%，所以很容易止损。

短线投资者在第三次的大阳线中出现的 C 位置再次用同样的固定止盈法买入股票，止盈位置如图中所示的 F 处。

## 2. 均线止盈

如图 7-5 所示，明星电力（600101）在上涨乏力时，股价开始不断地下探。当有效跌破 60 日均线后，股价在底部开始小幅度反弹。做短线的投资者可以在底部抢反弹时持仓到 60 日均线处。股价下跌到 60 日均线以下用了两次才成功跌破。被成功跌破后，60 日均线就从支撑线变成了压力线，股价要想一次性穿过它，不放量形成大阳线是很难做到的。因此，投资者短线买入股票后，只能持仓到 60 日均线处，而且股价在到达 60 日均线附近时，应该马上止盈。不能够等股价开始下跌以后再卖出股票，原因是无量小反弹是不足以突破 60 日均线的压制的，遇到均线的强大阻力后，股价再次下跌是必然的事情。

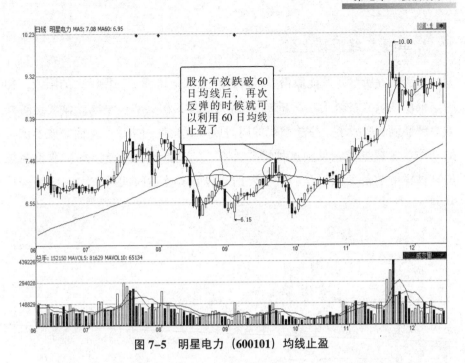

日线 明星电力 MA5: 7.08 MA60: 6.95

股价有效跌破 60 日均线后，再次反弹的时候就可以利用 60 日均线止盈了

图 7-5 明星电力（600101）均线止盈

不出所料，股价在 60 日均线处未能有效突破后，出现一根巨大的缩量下跌阴线将多日上涨的成果"吞噬掉"。股价又一次跌到了底部，这时投资者可以再次做多，等待股价上涨。这一次股价再次缓慢上涨到 60 日均线附近时，投资者仍然不要对其抱有幻想。只要股价上涨到 60 日均线，就应该采取止盈的办法提前了结头寸。股价如果又一次遇到阻力回落，那么 60 日均线处就是最好的止盈点位。过多的等待只能造成利润缩水，投资者倒不如先卖出股票，静观其变。即使股价有效突破，投资者再次进场买入也不会错过拉升的好机会。

股价第二次回落后，投资者第三次在底部买入股票，再次持股到 60 日均线处抛售。

以上三次在 60 日均线处的连续止盈是必然的选择。长周期均线处的强大阻力，不是随便就能够被突破的。每次到达阻力处，投资者止盈都是最好的选择。均线处即使要突破也会有一些明显的形态出现，没有诸如放量大阳线之类的形态，将难以实现真正的拉升。

### 3. 单根 K 线反转止盈

如图 7-6 所示，赣能股份（000899）见顶前出现了一根巨大的阳线，伴随这根阳线放大的还有巨大的成交量和高达 20.96% 的换手率。显然这时候主力已经无心恋战了，拉长阳线的同时放大成交量和换手率从而完成了出货的动作。短线投资者见到这种情况，唯一的选择也是止盈出局。股价高位出现这样的放量大阳线是非常危险的。投资者止盈时间越快，越能够保住利润。

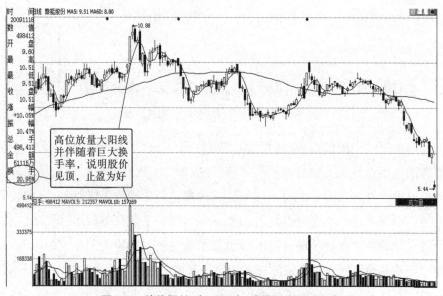

图 7-6　赣能股份（000899）放量阳线见顶形态

从图 7-7 赣能股份（000899）分时图中显示出，主力在出现大阳线当日的下午就将股价拉到了涨停的位置。但是股价并未在涨停板上持续到收盘的时候，而是连续两次打开了涨停板。从换手率和成交量来看，主力一定是在出货，短线投资者提前止盈是必然的选择。止盈的时间最好选择在大阳线出现的当天内。因为第二天股价如果跳空下跌，投资者的利润缩水就会很严重。如果投资者在股价拉升到涨停价位之前已经发现了主力出货，可以市价委托立即卖出股票。否则，也可以在涨停后将股票出手。总之就是止盈要及时，不尽快卖出股票肯定会面临盈利缩水的巨大风险。

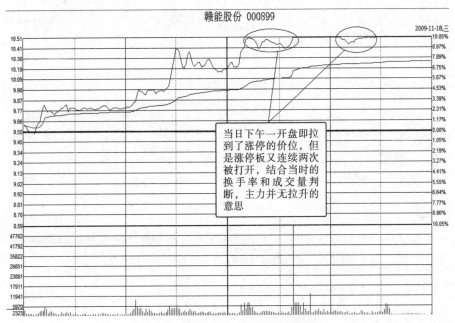

图 7-7　赣能股份（000899）2009 年 11 月 18 日分时图

### 4. K 线组合形态止盈

如图 7-8 所示，一汽富维（600742）在不断上涨创新高的过程中，上涨的幅度不断变小，呈现出了圆弧形顶部的特点。这时候若短线投资者正在抢反弹，就应该注意止盈了。该股上涨时有很明显的见顶特点，即每次都用三连阳形态结束上涨的趋势。在股价形成大圆弧顶的过程中，每次阶段性的反弹高点也会形成圆弧的形态。

圆弧形态最能够麻痹投资者了，因为下跌中的圆弧顶其开始下跌的速度是相当缓慢的，之后才慢慢加速。如果没有在下跌的初期认识到这一点，那么加速下跌的时候就很难避免损失了。在形成三连阳形态后，股价已经是短时间的高位了。从股价阶段性地创新高考虑，将部分仓位止盈出局也可以保

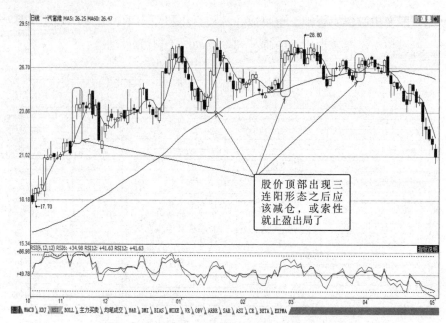

股价顶部出现三连阳形态之后应该减仓，或索性就止盈出局了

图 7-8 一汽富维（600742）日 K 线三连阳止盈

存部分利润，其他部分仓位继续持有。等待股价真见顶之后再将手中的股票全部出售，这样也可以避免股价涨幅过高带来的风险。

如图 7-9 所示，珠江实业（600684）在股价连续见顶之前曾经有过一波狂拉大涨的行情。在最后拉升股价的几天里，成交量成倍放大，换手率也相应地提高到平时的几倍。换手率和成交量曲线明显地在股价上涨的过程中扩大，形成了一个顶部。股价、换手率和成交量同时创新高，说明股价即将见顶，投资者不管怎样都应该减仓或者止盈了。

在这之后，股价相应地走出了见顶下跌的行情，而且下跌的幅度越来越大，时间也持续了半年之久。

## 5. 抛物线（SAR）止盈

在图 7-10 葛洲坝（600068）的日线图中，投资者在 A 点附近买入股票建仓，之后股价开始大幅度地上涨。SAR 指标和股价一同上涨，股价涨幅过大后，在图中所示的 B 位置向下跌破了 SAR 指标，并且 SAR 指标从股价的

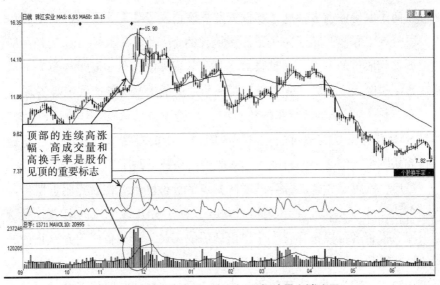

顶部的连续高涨幅、高成交量和高换手率是股价见顶的重要标志

图 7-9 珠江实业 (600684) 顶部放量上涨止盈

图 7-10 葛洲坝 (600068) SAR 指标止盈

下方转向了股价的上方。这时候投资者应该止盈了结头寸。

　　股价在 C 位置形成了一个下影线极长的十字星，SAR 指标也已经由股价的上方移到股价的下方，这时候 C 点是买入股票的最佳位置。投资者如果能够在十字星收盘之前就买入股票，则在第二天的大涨中就能够稳赚了。

　　在股价上涨到 D 点所在的价位时，股价下方的 SAR 指标已经被突破，并且 SAR 指标开始在股价的上方形成阻力。投资者在 D 点止盈是个不错的选择。从图中可以看出，止盈后不久股价就快速下跌了。

　　最后一次可以建仓的机会出现在 E 点的价位区域。在 E 点附近股价向上跳空形成了十字星，十字星顺利地突破了上方 SAR 线形成的阻力，股价开始上涨。投资者可以选择在十字星出现后的第二天开始再次建仓。止盈的位置选择在股价上涨到 F 附近的区域，在 F 位置的大阴线形成之前的前一天就可以止盈了。因为前一天股价收盘为十字星，在收盘前投资者是可以判断出十字星的位置的。既然知道了十字星的位置，就知道了 SAR 指标已经在当天被股价跌穿了，卖出股票进行止盈操作可以避免更大的损失。

## 6. 布林线止盈

　　从图 7-11 凤凰光学（600071）日 K 线图中可以看出，投资者选择在 A 位置出现大阳线后建仓，建仓成本价格在 9 元/股附近。通过观察股价和布林线的关系可以看出，上涨的趋势一直在延续，直到股价在图中 B 位置向下跳空突破布林线的下轨之后，上升的趋势才被打破。既然股价一直未曾跌破布林线中轨，在股价跳空跌破之后，布林线中轨就变成了上方的压力位置。股价即使在此处盘旋未跌，投资者也应该尽快止盈。毕竟没有止盈的投资者在经历了股价跳空之后其利润也有很大的缩水。

　　止盈之后，在股价下跌的过程中，投资者可以选择在途中 C 位置出现大阳线之后抢反弹，建仓之后股价顺利地上涨到了布林线中轨附近。虽然股价开始并没有下跌，但是反弹当中涨幅也不会很大。最重要的是反弹后的 C 点所在价格也是初次跳空后的价位，阻力之大可想而知了。从后来股价的走势中也可以看出来，价格并未上涨，而且股价没有碰到布林线上轨就下跌了。

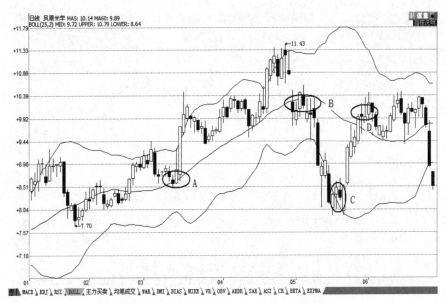

图 7-11  凤凰光学 (600071) 日 K 线布林线止盈

## 7. 减仓止盈

如图 7-12 所示，广船国际 (600685) 上涨过程中出现了明显的三个顶部形态。虽然股价没有真正见顶，但是每当股价上涨到新的高位之后，持股的风险都增大一些。从图中可以看出，股价第一次见顶回调的幅度还是很大的，第二次回调的幅度稍微小一点，但是股价第三次见顶之后就开始了长期下跌的走势。如果短线投资者不能够判断出股价的真正见顶部位，可以在每次股价下跌的时候都止盈一部分股票，这样三次见顶之后手中持有的股票就完全出手了。这样操作不仅可以抓住上涨时的所有盈利，还可以避免高位下跌时的巨大风险。

## 8. 心理价位止盈

从图 7-13 张裕 A (000869) 月 K 线图中可以看出，该股在 2007 年的大牛市中算是涨幅比较大的股票，从最低价 9.21 元/股开始启动，最高价达到 100 元/股，也是涨幅近十倍的大牛股了。但是就这样一只大牛股，虽然上涨

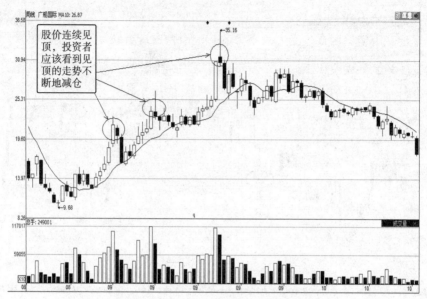

图 7-12　广船国际（600685）三阶段见顶

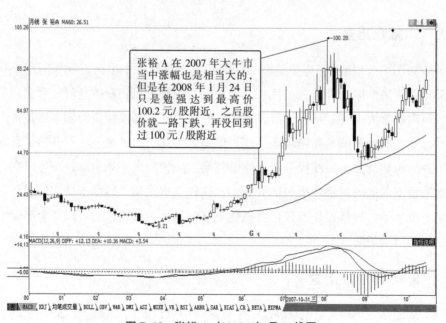

图 7-13　张裕 A（000869）月 K 线图

动力十足，但是到了 100 元/股的价位时，其上涨动力就戛然而止了。这其中肯定有市场的因素，受大盘走势的影响股价没能继续上冲。但是更重要的一点是心理价位的作用，100 元/股是一个很大的心理关口，张裕 A 这只股票从未有过 100 元/股的高价位，而当时的大牛市行情也没能够把股价带入百元时代。可见 100 元/股这个整数价格一定给股价带来了相当大的压力，不然股价不会只是在当日最高价上达到了百元，收盘时却远离百元价了。

从图 7-14 泰豪科技（600590）月 K 线图中可以看出，股价曾经到达过历史价位 20 元/股附近，后来的两次都在上涨到 20 元/股附近就开始下跌了。可见历史价位作为股价见顶的信号是很有效果的，股价上涨到历史价位附近总会回调一下。其实 20 元/股附近不仅是历史价位的高点，也是该股上市发行的开盘价格，更是标准的整数价位，因此，其具有心理价位的压力作用就不难理解了。在股价上涨到这样的典型心理价位时，投资者一定要小心为好。股价有明显的上涨乏力后，应该尽快止盈，不要让盈利付诸东流。

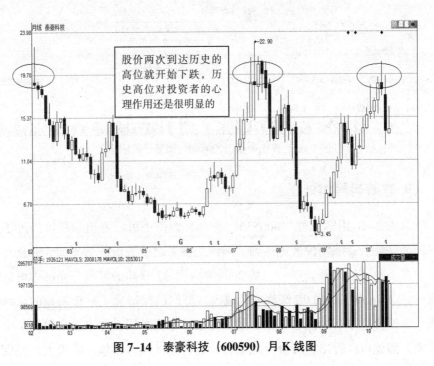

图 7-14　泰豪科技（600590）月 K 线图

如图 7-15 所示，许继电器（000400）股价上涨到 40 元/股附近的价位后，连续拉出了三根阳线，之后股价开始破位下跌。股价破位下跌之后，反弹的时候也是连续无量拉出三连阳，但是每次都是以下跌结束了反弹的走势。可见通过高位三连阳 K 线形态来预测股价顶部还是很奏效的。三连阳出现后股价逐步走弱并开始下跌，短线投资者止盈点应该设置在第三根阳线出现的当天，在第三根 K 线完成阳线的走势之前就平仓，这样做的风险会小得多，能够保住大部分的利润。

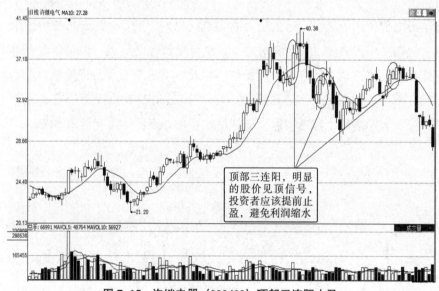

图 7-15　许继电器（000400）顶部三连阳止盈

## 9. 在筹码聚集处止盈

从图 7-16 中国软件（600536）的周 K 线图中可以看出，股价经过了长时间的狂拉后，涨幅惊人地达到了六倍之多。之后股价停滞不前，并且在一个非常小的区域内开始整理。从 2009 年 7 月 31 日前的筹码分布图中可以看出，在 27 元/股左右的股价整理区域内，筹码已经形成了一个明显的顶峰形态，而该价位以下的区域只是零散地分布了一些筹码，并未出现筹码集中的现象。因此可以看出，股价一旦突破筹码密集区域，跌幅一定很大。投资者这时候应该主动止盈卖出绝大部分股票，或者干脆全部卖出，只有这样才能够避免股价高位下跌的风险。

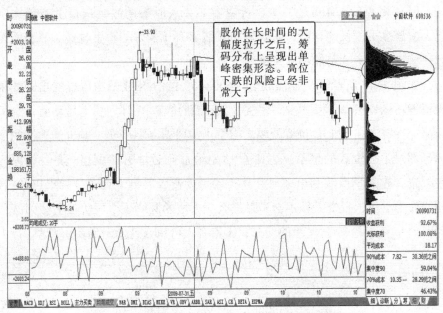

图 7-16　中国软件（600536）周 K 线筹码密集峰止盈

# 第三节　小亏大赚必然赚钱

投资者买卖股票赚钱的方式多种多样。有的投资者水平很高，平时很少下单买股票。但是一旦买股，十有八九必然大赚，这是股市中的高手、精英中的精英，只有他们才能够获得如此大的投资收益，普通投资者是很难模仿的。但是另外一些投资者靠把握大趋势赚大钱，他们往往勉强可以做到盈利的次数多于亏损的次数，但是每次盈利的幅度都很大，而亏损的幅度却很小。通过小亏大赚取得收益的投资者，首先要懂得严格地执行止损，不懂得止损就不可能保住本金，更谈不上让资金增值了。其次还要懂得止盈，止盈的时间要恰到好处。

如何才能够做到小亏大赚呢？投资者需要注意以下几点：

（1）下单前要看得远一些。投资者在买入股票的时机选择上不能太随意，应该多关注长期均线，看长做短才能够有比较好的投资收益。只有看得远一些，投资者才可能小亏大赚。

如图7-17所示，从金证股份（600446）的日K线图中可以看出，如果投资者在图中的A位置买入了股票，按照股价在10日均线上运动就持仓的做法，投资者在图中C位置就要卖出手中的股票。但事实上股价的上涨幅度远远超过了投资者的想象，达到了13.8元/股附近才开始调整。是什么原因使投资者这么早地获利出局呢？其实就是投资者看得太近了，如果以60日均线作为支撑，投资者就不会错过这么一大块的利润了。股价在上涨到B位置时，才突破了60日均线的支撑，投资者大可以在这个时候卖出股票。

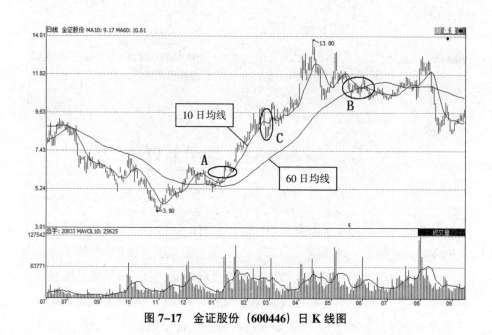

图7-17　金证股份（600446）日K线图

（2）信号出现，立即止损。止盈总是很容易做到，为什么减小损失的止损却有难度呢？投资者在看到股价出现了止损信号的时候，一定要果断。一味地追求完美是非常不可取的。事实上，市场中也不可能有完美无缺的事情，股价也不可能总保持一个趋势，上涨和下跌是交替进行的。

如图 7-18 所示，从华芳纺织（600273）的日 K 线图中可以看出，股价在真正破位下跌之前还是给投资者两次出售股票的机会。第一次是在图中的 E 位置，而第二次的下跌发生在图中的 F 位置。投资者在这两次的其中一次止损都不会遭遇之后的股价疯狂下跌。所以说投资者想要获得好的投资收益，只是设置了较大的止盈与止损比值是不够的，还要注意果断地止损，这对盈利来说是很关键的。

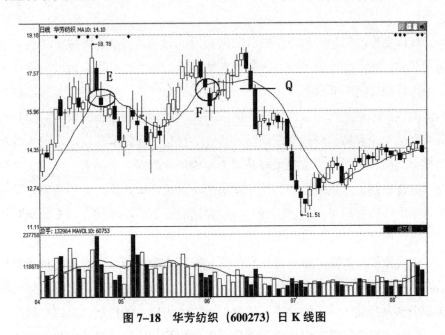

**图 7-18　华芳纺织（600273）日 K 线图**

（3）投资者设置的止盈和止损位置一定要契合实际，盲目地寻找可以扩大盈利的止盈点和缩小损失的价位是不现实的。只有按照股价的走势分析得出止损价位和止盈价位才不至于频繁地止盈和止损，才有可能在合适的价位完成止盈和止损动作。往往投资者心理臆测的价位是非常不可取的，避免盲目的止盈和止损是投资者盈利过程中非常重要的一个环节。

# 第四节 如何将利润最大化
## (压力位未突破止盈位)

## 一、波段操作，放大收益

　　股价上涨过程中，可以坚持长时间持股。但是即使上涨的股价也会有不断的波动，有上涨亦有下跌。如果下跌的幅度比较大，可以采用波段操作的手法，低吸高抛不断地赚取差价。低吸高抛操作股票，可以抓住每一次股价上涨的机会，避开每一次股价下跌的陷阱，获得比较好的投资收益。但是低吸高抛说起来容易，做起来却非常有难度。抛错了位置容易使原本很大的利润缩小，低吸时买错了位置也容易因为股价的续跌而造成损失。因此，波段操作应该特别注意风险控制，达到止损的条件后立即止损，盈利后密切关注股价的走势，有明显的反转信号时一定要随时止盈，决不能让本来盈利的股票变成亏损。

　　波段操作股票除了要求有比较好的止损、止盈技巧外，好的心理素质也是必不可少的。采取波段操作的投资者，止损的时候要果断，股价走势有时候是瞬息万变的，短暂的犹豫可能使得止损失去应有的作用，造成短时间内难以弥补的损失。没有出现反转信号而提前止盈，或者是拖延止盈的时间都不可能使利润达到最大化。恰到好处的买卖才是我们追求的真正目标。

　　如图 7-19 所示，科力远（600478）的日 K 线图中显示出主力拉升股价的手法是阶段性波动拉升。这样在图中所示的小矩形整理被突破时就可建仓了。股价在上涨到 18 元/股附近的时候，遇到阻力开始走弱，不断的弱势下跌过程中，投资者可以在股价跌破均线的时候，就止盈出局。如果采用时间止盈法，连续五天的弱势小幅度下跌当中没有根本性的突破上涨迹象，投资者就应该了结头寸，以免收益被慢慢地吞噬。

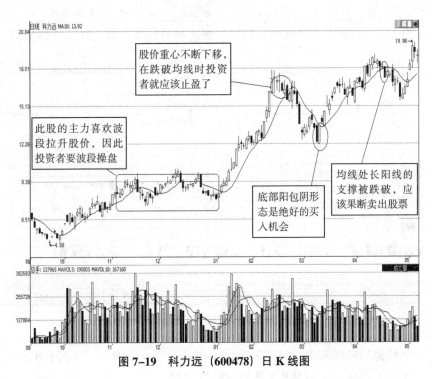

股价重心不断下移，在跌破均线时投资者就应该止盈了

此股的主力喜欢波段拉升股价，因此投资者要波段盘

底部阳包阴形态是绝好的买入机会

均线处长阳线的支撑被跌破，应该果断卖出股票

图 7-19　科力远（600478）日 K 线图

　　投资者止盈后股价继续下跌，出现了两根大阴线和一次向下的跳空，这都不能说明股价已经见底。但是跳空后一根阴线紧跟着一根大阳线，而且大阳线将阴线全部吞噬掉，这种底部阳包阴的形态说明股价已经见底，后市看涨，短线客可以马上着手建仓，等待股价上涨。

　　从图 7-20 科力远形成大阳线的分时图中，可以看出当天股价虽然低开，但是开盘后主力放大了成交量，股价迅速地被拉升，其涨幅达到 5% 左右。整个拉升动作只用了一刻钟左右。拉升之后，盘中股价强势震荡上行。并且在收盘前突然再次放量上涨，最后分时图中巨量拉升、将股价封在了涨停板的位置。通过实际观察当日 K 线的走势以及分时图变化，投资者可以在收盘前大致判断收盘时的 K 线形态并提前建仓，以便抓住底部获得较好的投资收益。

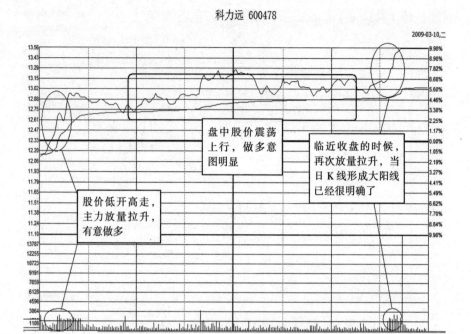

科力远 600478

2009-03-10,二

盘中股价震荡
上行，做多意
图明显

临近收盘的时候，
再次放量拉升，当
日 K 线形成大阳线
已经很明确了

股价低开高走，
主力放量拉升，
有意做多

**图 7-20 科力远（600478）2009 年 3 月 10 日大阳线分时图**

从科力远日线图中，可以看出底部出现一根大阳线后，又接着出现了两根大阳线。阳线的出现正好给投资者吃了颗定心丸，股价上涨的趋势还没有改变，投资者可以继续持有股票。但是就在第三根阳线出现后不久，股价缩量下跌 4.66%，一举突破均线，这时候出于波段操作的安全性考虑可以先卖出股票，等待调整结束之后再进入。之后的日线图中也显示，股价确实又跌到下方的一个小平台中才开始缓慢回升。

短线投资者应该注意的是，在采取波段操作放大收益时，应该选择那些上涨趋势明显且操作波动性强的股票。因为上涨趋势是波段操作的基础，只有大趋势在上涨才不至于面临巨大的风险。而波动性强的股票可以提供更多的波段机会，获得更多的投资收益，这是短线投资者最需要的。考虑到操作时的方便性，主力波段拉升的股票最后是有很强的拉升规律的，这样才方便短线客买卖股票，止损止盈也相对简便。

## 二、发现卖点，提前止盈

股价反转前在分时图和K线图中都会有所表现。投资者可以通过分析当日的分时图和短期各种时段的K线图，提前察觉出股价将要下跌的信号，提早做出准备以防盈利被吞噬。

（1）在分时图中，开盘时投资者就可以不断地观察目标股票的价格走势情况。从开盘时候的集合竞价情况、开盘位置、开盘后半小时内股价走势状态、量比和委比大小，都可以判断出股价当日走势的强弱状况和多空情况，进而预测当日股价走势。当投资者在开盘或者盘中不能够有效判断股价运行的方向时，一个有效的办法就是看当日股票收盘前半小时的价格总体变化。通过分析可以大概判断出收盘时的收盘价格的情况。通过分时图提前预测价格范围，再判断出当日K线的形态。最后将提前预测的K线形态与近几天的K线形态做比较，判断是否具备反转意义。如果出现阴线吞噬形态、放量阴线、顶部放量十字星等，说明股价将要下跌，投资者可以毫不犹豫地进行止盈的操作。如果有下跌的反转形态出现，股价继续按照原来的趋势上行，持股将会获得较好的收益。

（2）可以通过观察当日短周期K线形态来判断股价的走势。常用的短周期的K线有30分钟、60分钟、120分钟、日线等。由于短周期K线反应比较快，对反转形态的反应比较敏感，投资者可以借助短期的K线判断止盈位置，提前减仓止盈或者空仓止盈。

在图7-21上海电力（600021）日K线图中，股价在顶部连续出现两个跳空缺口，第一个缺口为跳空缺口，第二个缺口为跳空竭尽缺口。在第一个缺口出现时，成交量放大说明股价有突破上涨的意味。但是考虑到股价的涨幅已经很大，顶部出现的跳空不是理想的上涨趋势。在跳空缺口出现的第三天就又是一个向上的跳空，这次跳空后股价就见顶回落了，并且不断地下跌。投资最好的止盈位置就是在第二个缺口出现的当天。

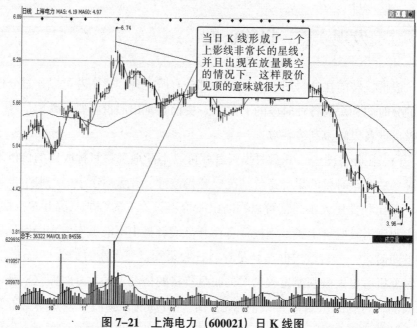

当日 K 线形成了一个上影线非常长的星线，并且出现在放量跳空的情况下，这样股价见顶的意味就很大了

**图 7-21　上海电力（600021）日 K 线图**

在图 7-22 上海电力（600021）分时图中，股价开盘时就上涨，主力在开盘后第一时间就拉升股价，涨幅达到 7%左右。但是好景不长，巨大涨幅在短时间内即开始回调。从成交量可以看出，股价开始上涨时的确伴随着放量，但是回调时也伴随着放量，这样的上涨只能说明主力明着拉升，暗中却出货了结头寸。盘中股价的缩量横盘整理也说明了这个问题。通过收盘前半小时的股价继续走低可以看出，当日股价的收盘价格必然在开盘价格附近，而且跌破开盘价格的可能性会很大。收盘前半小时的放量缓慢下跌，如果继续持续到收盘，那么当天 K 线形态上无疑会出现一根上影线很长的小阴线，这也是明显的股价见顶信号。所以投资者可以选择在尾盘收盘前半小时之内进行止盈操作，选择在价格下跌前出局可以避开下跌时的巨大风险。

图 7-23 上海电力（600021）的 30 分钟 K 线图显示出，在当日收盘前，K 线图中已经显示出明显的见顶信号。股价第二次跳空后，形成了一个上影线非常长的阳线，随后是一根乌云罩顶的阴线，将阳线的一半全部吞噬掉。之后盘中股价下跌趋势减弱，股价在一天当中弱势整理。尾盘收盘前，股价

上海电力  600021

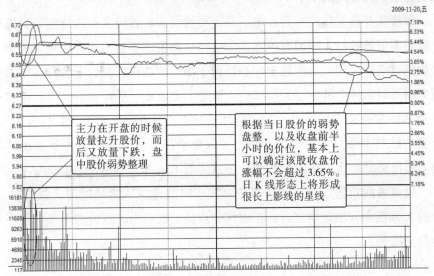

2009-11-20,五

主力在开盘的时候放量拉升股价，而后又放量下跌，盘中股价弱势整理

根据当日股价的弱势盘整，以及收盘前半小时的价位，基本上可以确定该股收盘价涨幅不会超过 3.65%。日 K 线形态上将形成很长上影线的星线

图 7-22  上海电力（600021）2009 年 11 月 20 日分时图

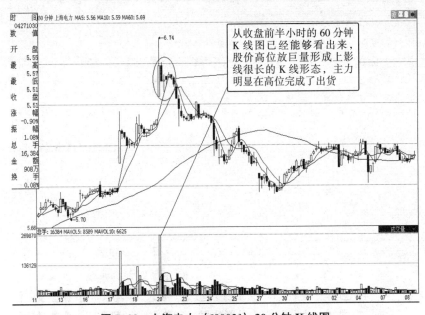

从收盘前半小时的 60 分钟 K 线图已经能够看出来，股价高位放巨量形成上影线很长的 K 线形态，主力明显在高位完成了出货

图 7-23  上海电力（600021）30 分钟 K 线图

从弱势当中缓慢地跳水了。

　　股价从开盘放量跳空到逐渐下跌走弱的时候，投资者就应该意识到这种上涨是不可持续的。原因有两点：一是持续的上涨不会出现在股价顶部第二次放量跳空缺口处，二次跳空的缺口属于竭尽的缺口，股价不会在多方力量消失殆尽时继续上涨。二是持续的上涨更不会出现在股价高开高走、又将涨幅全部吞噬的 K 线形态中。从这两种情况中能够看出，主力无意拉升股价，开盘的跳空上涨只不过是主力利用少量资金拉高诱多，出货才是真正的目的。股价被抛弃后，日 K 线图的走势就说明了这种判断是完全正确的。

　　投资者的止盈点可以选择在分时图当日收盘前的半小时内，或者是 30 分钟 K 线图中开始走弱之时。在这样的点位止盈卖出，股价的下跌也就不可能带来损失。

# 第八章　经典战役

## 第一节　新华百货（600785）

　　如图 8-1 所示，新华百货（600785）在 2010 年 4 月 7 日处于震荡整理阶段，从日 K 线可以看出股价的变动范围不断地缩小，成交量实际上也呈现出了萎缩的趋势。在这种趋势当中，股价不论是上涨还是下跌，都需要突破

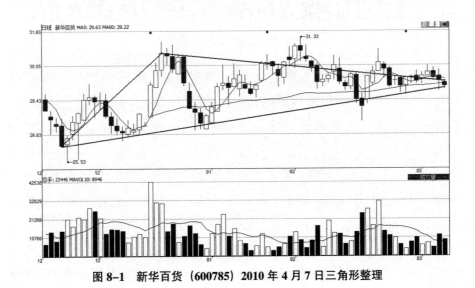

图 8-1　新华百货（600785）2010 年 4 月 7 日三角形整理

才能够确认。投资者这时要做的就是等待，股价一旦出现了有效的上涨突破就可以马上建仓。

图 8-2 正是当时（2010 年 4 月 7 日）上证指数的日 K 线走势图，也是整理待涨的趋势，但是成交量已经明显下降，如果没有有效的放量上涨，即使上涨也要准备好随时止盈。

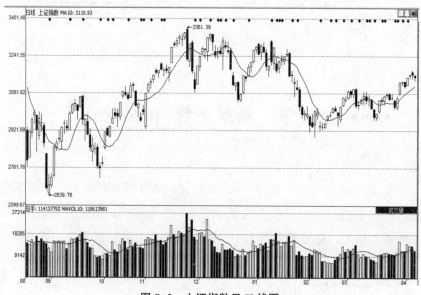

图 8-2　上证指数日 K 线图

如图 8-3 所示，新华百货在 4 月 8 日放量突破三角形整理形态，成交量也明显地放大了，处于 50 附近的 RSI 和 KDJ 指标同时向上突破，并且同时形成金叉形态。当日 K 线以光头光脚的大阳线收盘，放量上涨幅度为 5.93%。

如图 8-4 所示，新华百货在 4 月 9 日连续两天上涨，而且是放量创新高的上涨。从指标 RSI、KDJ 上看已经形成明显的多头趋势，后市上涨的趋势不变。

如图 8-5 所示，新华百货在 4 月 9 日高开低走后，股价在盘中低点附近时成交量明显地放大了许多，然后股价止跌反弹，说明主力有很明显的拉升

图 8-3　新华百货 2010 年 4 月 8 日放量上行

图 8-4　新华百货 2010 年 4 月 9 日继续放量上涨

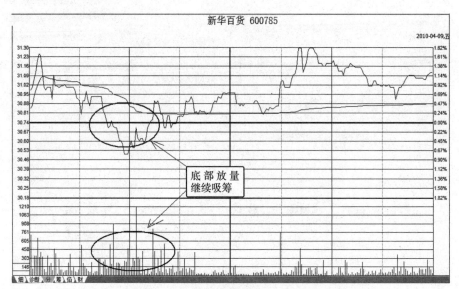

图 8-5　新华百货 2010 年 4 月 9 日分时图

意图。在当日收盘前股价小幅上涨，并且可以从日 K 线中看出，当时的成交量在收盘前就已经放量了，投资者在尾盘买入股票是非常好的时机。

　　如图 8-6 所示，新华百货连续三天放量上涨，股价上涨的势头看来是良

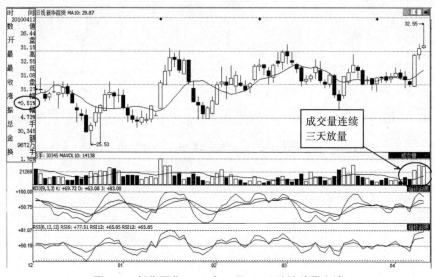

图 8-6　新华百货 2010 年 4 月 12 日继续放量上涨

好的。不足之处是 K 线形态中上影线过长，并且指标 KDJ 已经向下移动了，看来后市还是会有调整。

如图 8-7 所示，新华百货 4 月 13 日继续了上涨的势头，但是这次的上涨显示出，主力拉升已经力不从心了，上涨的幅度仅仅为 1.41%，并且成交量明显地萎缩了。从 RSI 和 KDJ 指标上看趋势仍将延续。

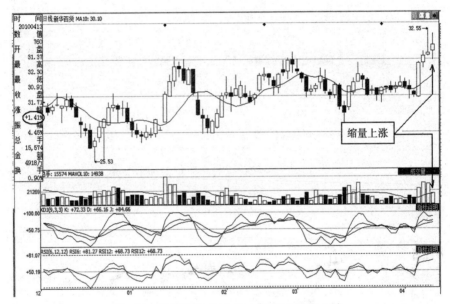

图 8-7　新华百货 2010 年 4 月 13 日缩量上涨

如图 8-8 所示，新华百货在 4 月 14 日延续了上涨的趋势，当日以 1.64% 的涨幅收盘。但是成交量仍然处在萎缩状态，萎缩的成交量是不可能支撑股价大幅上涨的。

如图 8-9 所示，新华百货在 4 月 15 日缩量小幅下跌 0.28% 的跌幅收盘。缩量既说明主力的惜售，也说明股价将要进行小幅度的调整，投资者可以继续持股，或者小幅减仓以规避风险。

如图 8-10 所示，新华百货在 4 月 16 日继续小幅度下跌，跌幅有所扩大，为 1.24%。但是成交量却再度萎缩，这足以说明惜售的问题，投资者可以继续持有股票。这时候指标 RSI 和 KDJ 短期线下移，但是并没有形成

图 8-8　新华百货 2010 年 4 月 14 日缩量再涨

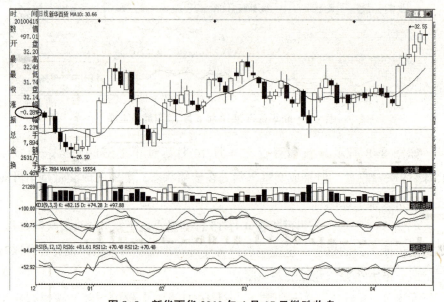

图 8-9　新华百货 2010 年 4 月 15 日微跌收盘

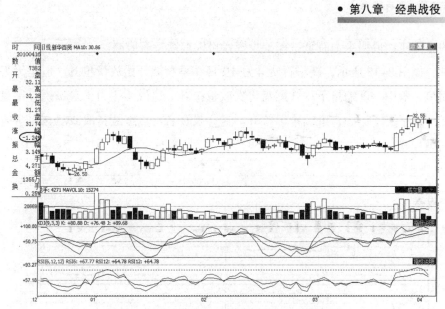

图 8-10 新华百货 2010 年 4 月 16 日跌幅扩大

死叉形态。

如图 8-11 所示，新华百货在 4 月 19 日再次放量上涨，但是涨幅并不是很大，只有 0.69%，成交量却有效地放大了。日 K 线上出现了上影线比较长

图 8-11 新华百货 2010 年 4 月 19 日放量上涨

的小阳线，说明主力有意试探，投资者可以继续持有股票。

如图 8-12 所示，新华百货 4 月 19 日在早盘就开始放量拉升，但是无果而终，盘中一度缩量下跌，尾盘再次放量拉升。这说明主力早盘试探，尾盘又一次坚定了信心，继续小幅拉升。这样投资者可以继续持股或者在尾盘时稍微加仓。

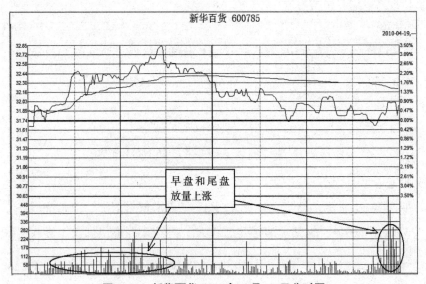

图 8-12　新华百货 2010 年 4 月 19 日分时图

如图 8-13 所示，新华百货在 4 月 21 日高开高走放量涨停。日线形态上以跳空的缺口涨停，说明涨停的力度是非常大的。但是考虑到当时指数的无量上涨，个股也不能看得太高，有下跌趋势的时候应该及时止盈以回避风险。

如图 8-14 所示，新华百货在 4 月 22 日仍然延续了放量上涨的走势，当日收盘时涨幅为 6.68%。虽然也在放量上涨，但是上涨幅度已经不能与前一日的涨幅相比较了。

如图 8-15 所示，新华百货在 4 月 23 日以低开的小阴线收盘，当日跌幅 1.92%。如果主力想要继续拉升，下跌不会放量，考虑到前面的跳空缺口并没有回补。这时候低开收盘的小阴线更能够说明股价有回调的愿望。

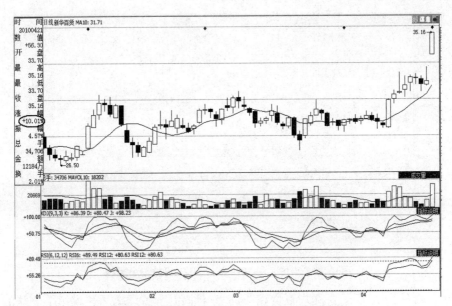

图 8-13　新华百货 2010 年 4 月 21 日高开涨停

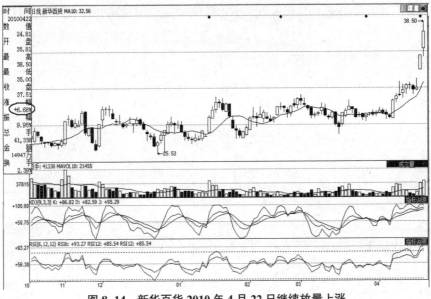

图 8-14　新华百货 2010 年 4 月 22 日继续放量上涨

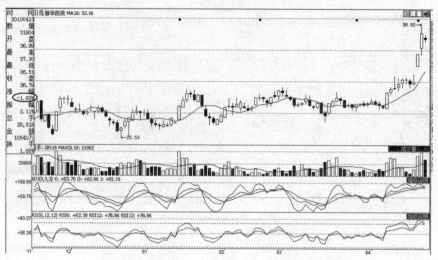

图 8-15　新华百货 2010 年 4 月 23 日放量小阴线

　　如图 8-16 所示，新华百货在 4 月 26 日高开上冲乏力后，继续了下跌的走势。收盘时从 K 线形态上看为一个上影线比较长的小阴线，跌幅为 0.27%，虽然跌幅不大，但是在一步步地吞噬着上涨的利润。投资者可以在这时采取减仓操作，因为毕竟这时候的上涨是股价高位上涨，将其看做一个小的反弹比较合适，利润还是落袋为安。

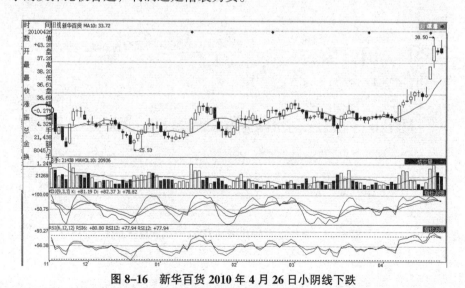

图 8-16　新华百货 2010 年 4 月 26 日小阴线下跌

如图 8-17 所示，新华百货在 4 月 27 日已经是连续第三天下跌，成交量还是比较大。从日 K 线上看阴线的下影线相当长，如果当日收盘在最低点位，必将前面的阳线涨幅全部吃掉，这时的风险是非常大的。最佳的动作就是在收盘时将全部股票清仓抛售，避开股价回补缺口的风险。并且当日 K 线形成之后，RSI 和 KDJ 指标的死叉形态已经相当明显，若不出货则投资者必将遭受损失。

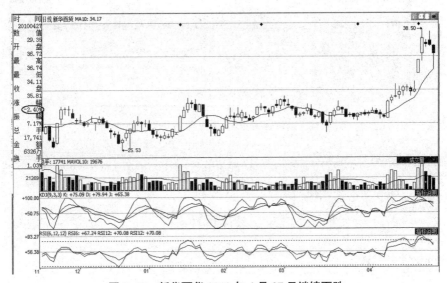

图 8-17　新华百货 2010 年 4 月 27 日继续下跌

如图 8-18 所示，新华百货在 4 月 27 日后，股价就一路震荡下跌，最终以向下跳空的方式结束了前面上升缺口的支撑作用，股价完全进入跌势之中。

如果投资者在持有新华百货的过程中不断地关注上证指数的变化，就可以很容易发现其中的风险。如图 8-19 所示，上证指数在 4 月 19 日以 4.79% 跌幅狂跌了下来，这时候投资者就应该减仓操作。因为没有指数的上涨，个股的上涨也必然只是昙花一现，根本不能够持续。

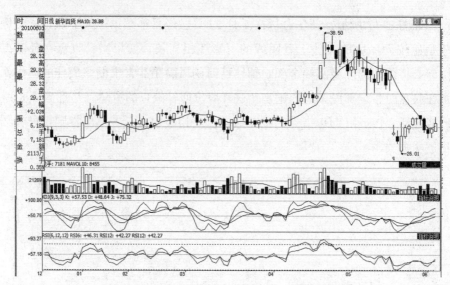

图 8-18　新华百货 2010 年 4 月 27 日后进入跌势

图 8-19　上证指数 2010 年 4 月 7 日以后的走势

# 第二节 鹏博士（600804）

如图 8-20 所示，鹏博士（600804）在 2009 年 12 月 22 日前走势非常低迷，没有像样的突破行情出现。成交量伴随着股价的小幅下跌而不断地萎缩。不管股价的走势如何，放量突破是必然的选择。

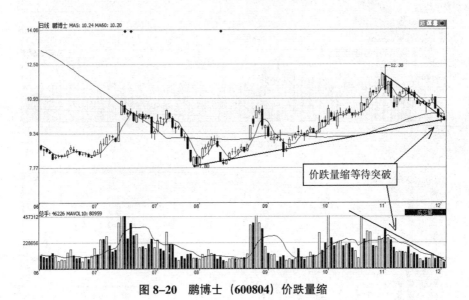

图 8-20 鹏博士（600804）价跌量缩

如图 8-21 所示，鹏博士与上证指数当时的走势如出一辙，只是指数走势上稍微有一点向下破位的倾向，但是也不排除上涨的可能，毕竟跌幅也不是很大。

如图 8-22 所示，鹏博士在接下来的 12 月 23 日收盘为一根中阳线，将前两天的小阴线全部吞噬，说明多方将发起反攻，后市看涨。只是从成交量上看是缩量上涨，股价如果继续上涨，放量还是非常有必要的。这次的无量上涨同当时的上证指数（图 8-23）是一样的情况。从指标 RSI 和 KDJ 上看也还没有形成金叉形态，投资者可以暂且观望。

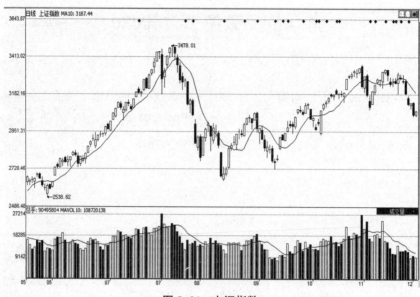

图 8-21　上证指数

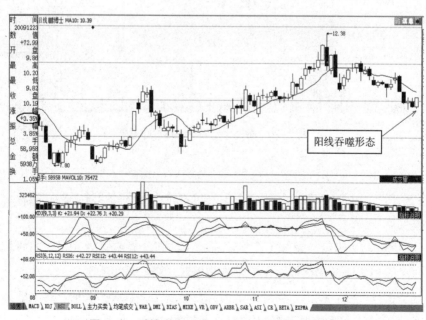

图 8-22　鹏博士 2009 年 12 月 23 日阳线吞噬上涨

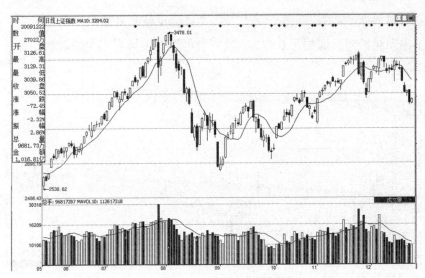

图 8-23　上证指数日 K 线图

如图 8-24 所示，鹏博士在 12 月 24 日的上涨中，从指标 RSI 和 KDJ 上看已经出现了金叉形态，上涨趋势基本上已经确认，如果成交量放大更能说明后市的上涨潜力。投资者可以在收盘前判断出趋势的方向仍然是向上的，并且在收盘前开始建仓，目标价位在前期高位附近。

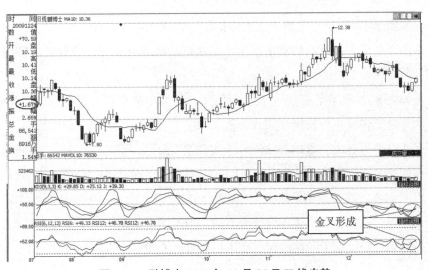

图 8-24　鹏博士 2009 年 12 月 24 日 K 线走势

如图 8-25 所示，鹏博士在 12 月 25 日，也就是开始反弹的第三天又拉出了小阳线，当日涨幅为 0.87%，投资者可以继续持有手中的股票，等待股价上涨。

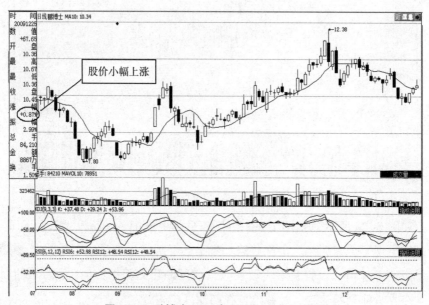

图 8-25　鹏博士 2009 年 12 月 25 日 K 线图

如图 8-26 所示，鹏博士在 12 月 28 日再次上涨 1.44%，涨幅虽然不大，但是已经是反弹以来第四天上涨了，多头的趋势非常明显，投资者应该继续持有股票。

如图 8-27 所示，鹏博士在 12 月 29 日仍然小幅上涨，当日涨幅 1.70%。自从开始反弹以来股价已经累计上涨 11%。但是趋势仍然是向上的，后市如何就要看是否有成交量的有效配合来突破前期高位了。

如图 8-28 所示，鹏博士在 12 月 30 日终于小幅下跌 1.21%，开始了短时间的调整，跌幅并不是很大，RSI 和 KDJ 指标也做出向下调整的动作，但是上升趋势仍在，投资者可以持股不动。当时的上证指数并未有走坏的趋势，只是涨幅已经接近了前期高位，后市指数可能要做一个方向性的选择了。

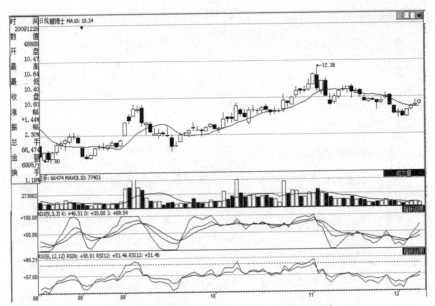

图 8-26 鹏博士 2009 年 12 月 28 日小幅上涨

图 8-27 鹏博士 2009 年 12 月 29 日仍然小幅上涨

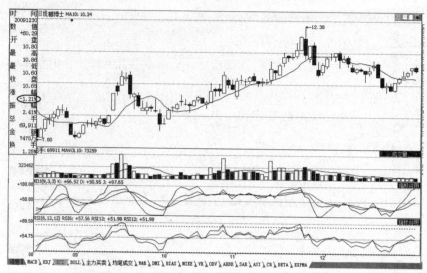

图 8-28　鹏博士 2009 年 12 月 30 日下跌调整

如图 8-29 所示，鹏博士在 12 月 31 日，也就是 2009 年的最后一天中小幅放量上涨 1.88%，完全收复了前一日的跌幅。从指标 RSI 和 KDJ 上看也是继续看高的。投资者可以持仓待涨，当日若稍微加仓也是可以的，因为上升的趋势犹在。

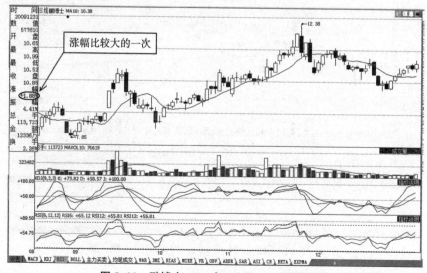

图 8-29　鹏博士 2009 年 12 月 31 日放量上涨

如图 8-30 所示，鹏博士在 2010 年 1 月 4 日迎来新一年的开门红，当日股价小幅上涨 1.66%，并且成交量又一次放大。这与开始时的无量小涨的情况形成了鲜明对比，成交量放大证明后市有望再次看高一线。当时的指数已经做出了调整的动作，但是在未走坏之前对鹏博士这样放量上涨的个股影响不大。

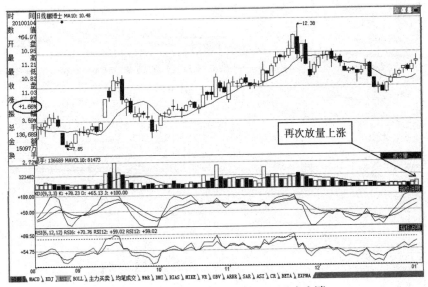

图 8-30 鹏博士 2010 年 1 月 4 日跳空小涨

如图 8-31 所示，鹏博士在 2010 年 1 月 5 日股价上涨 2.36%，成交量继续放大。可以说股价已经进入了很好的上升趋势当中，持股待涨是最好的选择。

如图 8-32 所示，以前的无量状态一去不复返，鹏博士已经连续四天放量上涨，股价即将接近前期高位，能否有效放量将决定股价的涨幅是否能够创新高，投资者可以拭目以待。

如图 8-33 所示，鹏博士在 2010 年 1 月 7 日没能保持上涨的势头，以小幅下跌 1.48% 收盘，成交量相应地萎缩。显然这次的下跌并未突破上升趋势线，所以不论这次的下跌是上涨的蓄势还是下跌的前奏，投资者都可以继续持股不动，等待趋势明朗后再决定买卖。

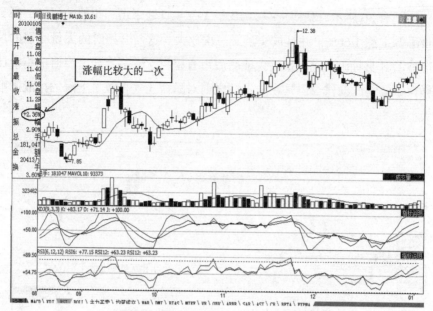

**图 8-31　鹏博士 2010 年 1 月 5 日小幅上涨**

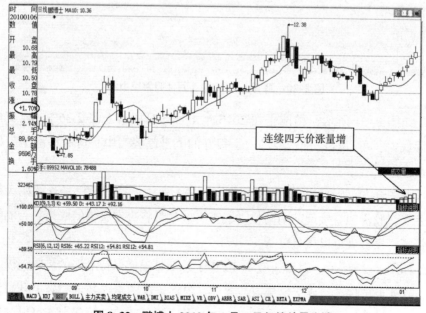

**图 8-32　鹏博士 2010 年 1 月 6 日仍然放量小涨**

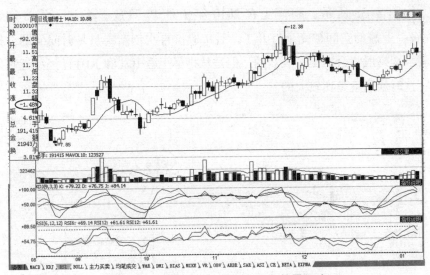

**图 8-33　鹏博士 2010 年 1 月 7 日缩量下跌**

如图 8-34 所示，有了前期的下跌蓄势和长时间的小幅上涨，鹏博士终于在 2010 年 1 月 8 日大涨，以 4.33% 的涨幅收盘，当日成交量也放到比较大的程度，后市股价有望连续创新高。

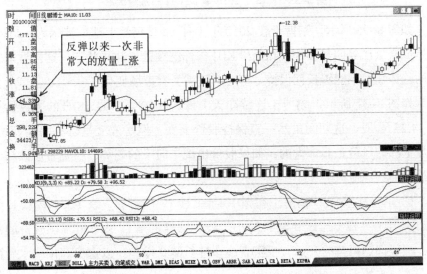

反弹以来一次非常大的放量上涨

**图 8-34　鹏博士 2010 年 1 月 8 日放量大涨**

如图 8-35 所示，鹏博士在 2010 年 1 月 11 日放量大涨，涨幅达到 6.69%，上涨的空间被完全打开了，后市股价再次创新高只是时间问题。投资者继续持股将会有更多收获的。但是从指标上看 RSI 和 KDJ 已经接近超买了，这时候风险是比较大的。

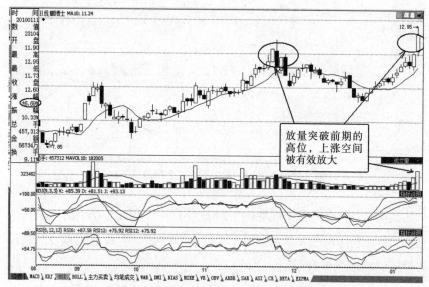

放量突破前期的高位，上涨空间被有效放大

图 8-35　鹏博士 2010 年 1 月 11 日放量大涨

如图 8-36 所示，鹏博士在 2010 年 1 月 12 日仍然上涨，涨幅为 1.11%，但是成交量已经明显萎缩。RSI 和 KDJ 指标继续处于超买状态。这样看来上涨的趋势显然不能够长期保持，何时下跌需要看市场变化了。

如图 8-37 所示，鹏博士连续四天上涨，2010 年 1 月 18 日的收盘价格为 14.27 元/股。这期间虽然一直保持股价上涨，但是成交量已经明显萎缩。无量上涨的风险是非常大的，如果股价出现了向下的趋势，投资者应该马上止盈出局，规避风险。

如图 8-38 所示，鹏博士在 2010 年 1 月 19 日缩量下跌 1.33%。从 K 线形态上看是一根上影线比较长的小阴线，这样的 K 线形态出现在股价的高位，一般都是调整的开始，投资者应该进行减仓操作，以避免高位跳水后盈利严重缩水的现象。

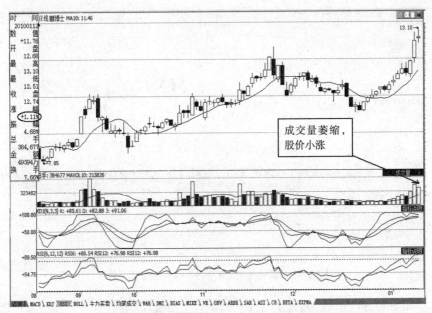

成交量萎缩，
股价小涨

图 8-36 鹏博士 2010 年 1 月 12 日缩量创新高

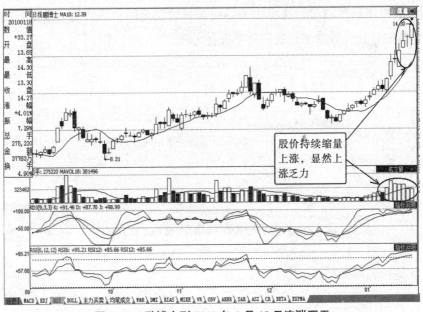

股价持续缩量
上涨，显然上
涨乏力

图 8-37 鹏博士到 2010 年 1 月 18 日连涨四天

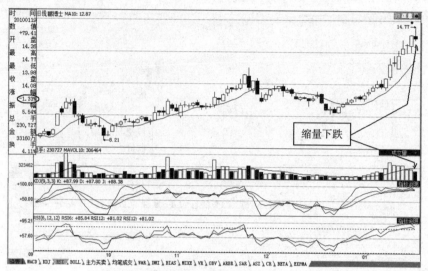

**图 8-38　鹏博士 2010 年 1 月 19 日缩量下跌**

　　如图 8-39 所示，鹏博士在 2010 年 1 月 20 日放量狂跌 4.55%，指标 RSI 和 KDJ 都已经形成了死叉形态，投资者清仓是必然的选择。如果没能在 1 月 20 日发现下跌的趋势，在第二天也应该将股票全部出售出去。至此投资者应该暂时休整，等待下一次的反弹机会出现。

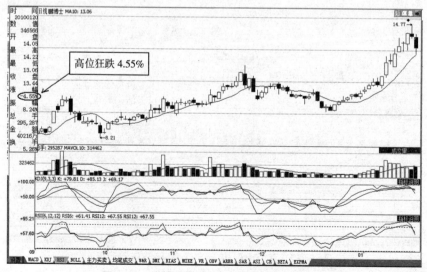

**图 8-39　鹏博士 2010 年 1 月 20 日放量狂跌**

　　图 8-40 为鹏博士在高位放量下跌之后的股价走势，从中可以看出投资者在 2010 年 1 月 20 日卖出股票止盈还是比较明智的选择。即便股价在后市中能够创新高，投资者也应该先避开风险，将利润落袋为安。

图 8-40　鹏博士日 K 线图

# 第三节　上柴股份（600841）

　　如图 8-41 所示，上柴股份（600841）在 2009 年 4 月 24 日 K 线图中，股价经过大幅度的下跌、创下新低 11.90 元/股后开始整理。一番整理之后又出现两根大阴线，将涨幅全部吞噬掉。接下来形成的缩量小阳线说明无论上涨与否都将日渐明确。

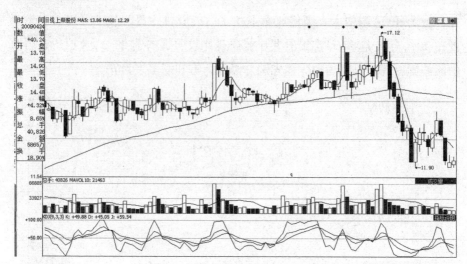

图 8-41　上柴股份（600841）日 K 线图

　　如图 8-42 所示，上柴股份在 2009 年 9 月 3 日放量上涨 10.02%，换手率更是达到了 9.75%。日 K 线上形成了光头光脚的大阳线，吞噬了前面三根 K 线，RSI 指标和 KDJ 指标形成了金叉形态。这样看来上涨的趋势基本上确认了，投资者可以在第二天开盘时选择有利的价位开始建仓。

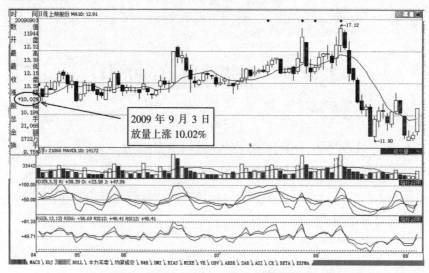

图 8-42　上柴股份 2009 年 9 月 3 日放量上涨 10.02%

如图 8-43 所示，上证指数在 2009 年 9 月 3 日放量大涨 4.79%，当日成交金额放大至 1425.65 亿元。几乎将前一个阴线向下跳空的缺口全部封住，市场反弹在即。这样看来上柴股份在 9 月 3 日的走势比指数的反弹力度要大得多，后市一片光明。

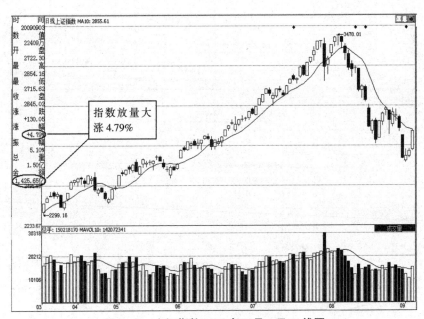

**图 8-43　上证指数 2009 年 9 月 3 日 K 线图**

如图 8-44 所示，从上柴股份 2009 年 9 月 3 日分时图中的走势可以看出，当日股价高开高走平稳上涨，尾盘收市前放量拉升到涨停。在涨停之前，投资者可以根据拉升的情况强行追涨买入，等待股价上涨。结合当日大盘的强势走势可以断定，在尾盘买入亦不用担心股价回调，并且第二天股价很可能会再次高开高走，由此看来投资者此时买入股票应该是比较不错的机会。

如图 8-45 所示，上柴股份在 2009 年 9 月 4 日不负众望继续高开高走，大涨 6.35%，成交量也再次明显放大，换手率高达 22.90%。因为股价处于低位当中，高换手率并不可怕，这说明主力动作频繁，股价还可以继续看高一线。从指标 RSI 和 KDJ 上看，股价明显进入了上升通道中。如果还没有买入股票的投资者应该尽快买股，以免错过上涨的时机。

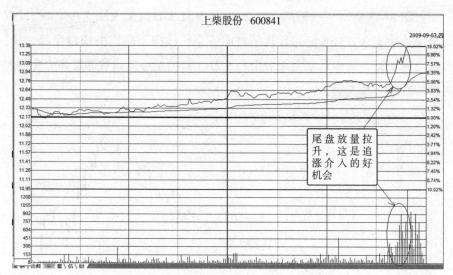

图 8-44　上柴股份 2009 年 9 月 3 日分时图

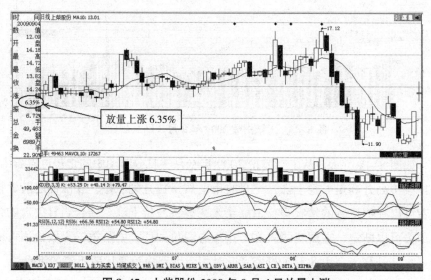

图 8-45　上柴股份 2009 年 9 月 4 日放量上涨

　　如图 8-46 所示，上柴股份在 2009 年 9 月 7 日高开，而收盘时是一根上下影线比较长的小阴线。当日股价上涨 2.67%，换手率为 19.18%。考虑到这只股票换手率经常居高不下，投资者可以关注股价变化，以此决定是否减轻仓位。

图 8-46　上柴股份 2009 年 9 月 7 日缩量收阴

　　如图 8-47 所示，上柴股份在 2009 年 9 月 7 日后连续四天上涨，成交量连续三天有效放大。但在最后一天即 9 月 15 日成交量萎缩，当日以 9.98% 的幅度涨停，换手率高达 26.51%。这时投资风险是相当大的。无量上涨说明多方力量已经略显不足，投资者可以适当减仓，不要让全部的资金暴露在

图 8-47　上柴股份连续四天上涨

巨大的高位风险之中。指标 RSI 和 KDJ 也处于超买的状态。经过连续上涨后的股价明显有下跌的风险。

如图 8-48 所示，上柴股份在 2009 年 9 月 16 日形成了高位棒槌线，换手率高达 38.41%，上涨幅度仅为 2.57%。这说明股价已经见顶，投资者应该在收盘前果断止盈，空仓等待下次的投资机会出现。

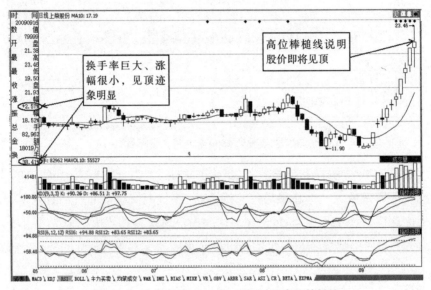

图 8-48　上柴股份 2009 年 9 月 16 日高位棒槌线

如图 8-49 所示，上柴股份在 2009 年 9 月 16 日，由于连续大幅度上涨被迫晚开盘一个小时，开盘后股价大幅度震荡，震荡幅度近 9%，成交量极度放大，换手率也是非常之高。这样即使股价在尾盘拉升，投资者也应该尽快止盈出局，避开下跌的风险。该股进入上涨趋势当中后，还未曾出现过如此大幅震荡的动作。这一天的震荡可谓主力精心策划而成，开盘放量震荡出货，盘中杀跌，尾盘无量拉升，这样做只为迷惑散户。

图 8-50 为上柴股份 2009 年 8 月 5 日后的日 K 线走势图，股价在形成棒槌线之后，很快进入了下跌的趋势当中。并且一度将上涨幅度的一半以上全部跌去。这样看来，投资者见到 K 线形成棒槌线后立即空仓是最好的选择。即使没有在棒槌线形成的当天平仓，也应该在第二天择机出货。从图中可以

很明显地看出，在棒槌线出现后的第二天 RSI 指标和 KDJ 指标就形成了高位的死叉形态。

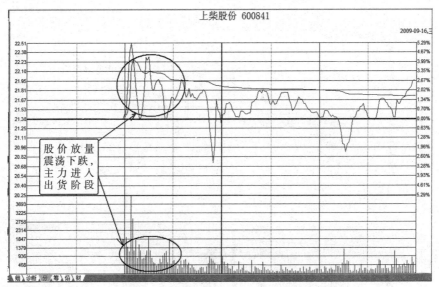

图 8-49　上柴股份 2009 年 9 月 16 日分时图

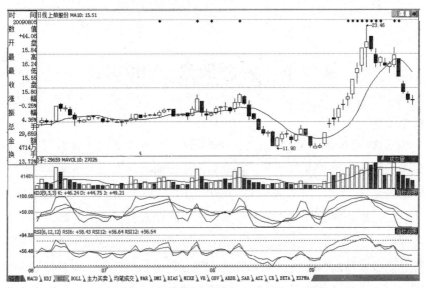

图 8-50　上柴股份 2009 年 8 月 5 日 K 线图

如图 8-51 所示，上证指数在上柴股份上涨的过程中也是一路上涨，而指数在 9 月 29 日开始下跌时也正是上柴股份即将破位下跌之日。结合当时上证指数的日线图，不难抓住股票的买卖点。

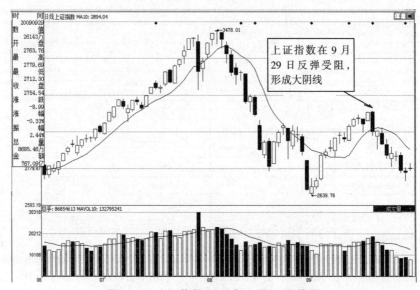

图 8-51　上证指数 2009 年 9 月 29 日线图

## 第四节　杉杉股份（600884）

如图 8-52 所示，杉杉股份在（600884）2010 年 2 月 8 日形成了一根光头光脚的实体阴线，由此可见，股价即将反转向下。

如图 8-53 所示，上证指数在 2009 年 10 月 15 日 K 线图中形成了向下的跳空缺口，那么指数是继续向下还是形成反转要看接下来的走势。

如图 8-54 所示，杉杉股份在 2010 年 2 月 9 日小幅放量形成了一根穿透大部分阴线实体的中阳线，当日股价上涨 3.71%。指标 RSI 和 KDJ 也显示出了即将形成金叉的走势，股价能够持续上涨要看后市的成交量和股价涨幅。

图 8-52 杉杉股份（600884）2010 年 2 月 8 日 K 线图

图 8-53 上证指数 2009 年 10 月 15 日 K 线图

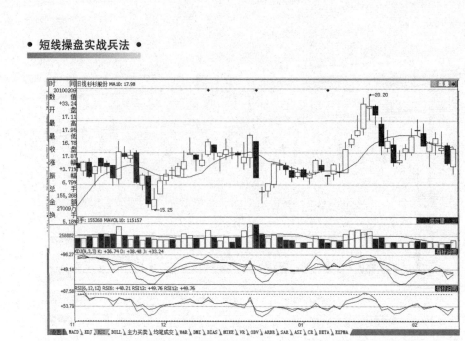

图 8-54　杉杉股份 2010 年 2 月 9 日 K 线图

如图 8-55 所示，上证指数在 2010 年 2 月 9 日也出现了一个小阳线实
体，此时指数上涨只差向上突破，只要指数跳空上涨，即形成了底部的岛形
反转，那么个股也将延续上升的势头。

图 8-55　上证指数 2010 年 2 月 9 日 K 线图

如图 8-56 所示，杉杉股份在 2 月 10 日收盘时为一个跳空高开的小阳线，当日 RSI 指标和 KDJ 指标形成了金叉，股价从此进入了上升趋势当中。

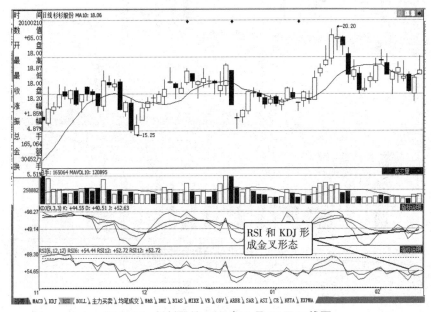

图 8-56　杉杉股份 2010 年 2 月 10 日 K 线图

如图 8-57 所示，上证指数在 2 月 10 日跳空上涨形成"岛形反转"，进一步确认了市场上涨大趋势已经形成，投资者可以立刻建仓做多。最好的做多位置是在指数即将收盘并且可以确认"岛形反转"必定形成之处。

如图 8-58 所示，杉杉股份在指数前一日形成"岛形反转"之后，股价继续小幅上涨，投资者可以看高一线了。没有买入的投资者可以继续购买，买入者也可以适当加仓。

这时候的指标 RSI 和 KDJ 也形成了不错的上升趋势，只是成交量还是不够大。

如图 8-59 所示，杉杉股份截至 3 月 2 日，股价经过了小幅度的上涨和两次的大幅度拉升之后，从指标上看已经处于超买状态。图中 RSI 和 KDJ 指标均已进入了各自的 80 线和 100 线，超买明显。这时投资者要密切关注股价的动向，寻找适当的时机减仓。

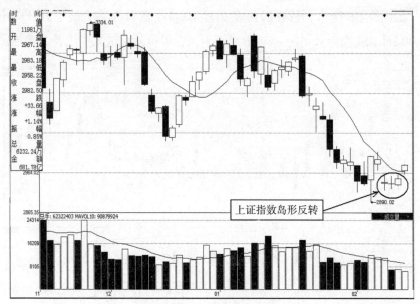

图 8-57　上证指数岛形反转

图 8-58　杉杉股份 2010 年 2 月 4 日继续上涨

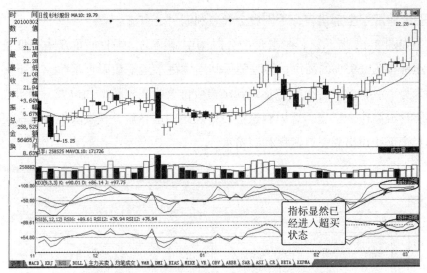

图 8-59　杉杉股份截至 2010 年 3 月 2 日 K 线图

如图 8-60 所示，杉杉股份在 3 月 3 日形成了一根高位十字星，成交量显著增大，换手率为 9.04%，显然股价即将见顶。从 KDJ 指标来看，K 指标=84.13，D 指标=85.47，J 指标=81.45，由上到下依次排列为 D 指标、K 指标和 J 指标，显然死叉已经形成。如此多的见顶信号说明投资者必须在当日

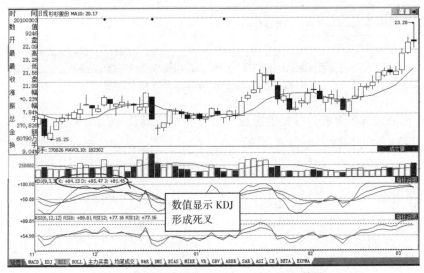

图 8-60　杉杉股份 2010 年 3 月 3 日 K 线图

止盈，将股票全部出售，否则就会导致利润付之东流。

如图 8-61 所示，杉杉股份的分时图中显示出，当日股价盘中一度被拉升至涨幅为 5.93% 的高位，但是随后却连续跳水至平盘附近报收。从下午盘的走势上看，投资者很容易意识到尾盘股价会收在比较低的位置，而且当日必将形成高位十字星。意识到这些股价反转的信息后，投资者在收盘前可以选择全部止盈出局，以避免利润缩水。

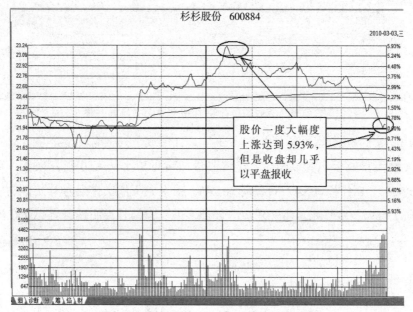

**图 8-61　杉杉股份 2010 年 3 月 3 日分时图**

如图 8-62 所示，杉杉股份在 3 月 3 日形成高位小阴线十字星之后，股价见顶大幅度回落。投资者应该庆幸没有在十字星出现以后再卖出股票。因为十字星出现后，股价回落的幅度至少在涨幅的 50% 以上。

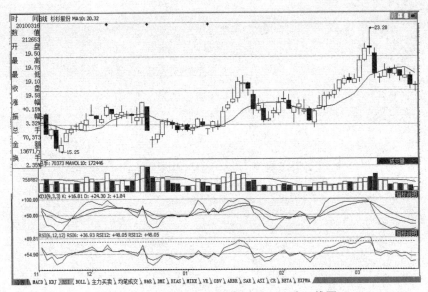

图 8-62 杉杉股份在 2010 年 3 月 3 日后 K 线图